2021 승무원 트렌드

주지환 저

"포스트 코로나 시대", 항공사 채용 면접 대비

 (주)백산출판사

길 잃은 사람을 위해

　　내가 태어난 곳이자 나에게 부여된 국적이 가리키는 국가는 시간이 흐르고 역사가 쌓이는 과정에서 자연스레 형성된 사회, 문화, 경제 등의 여러 고유한 개념이 만들어졌고, 결국 사람 사는 곳은 모두 비슷할 거란 일반적인 생각과는 별개로 조금씩 혹은 많은 부분에서 국가별 차이를 보입니다. 과거부터 빈번한 교류가 이루어진 가까운 곳에 있는 국가와는 언어, 문화가 유사하고, 특히나 특정 국가 간에는 경제적으로 밀접한 관계를 맺은 듯 보이지만 또 한편으론 같은 역사를 두고도 너무 다르게 인식하기도 한다는 것을 알고 있습니다. 심지어 같은 국가 안에서도 위치, 소속, 출신 등에 따라 조금씩 다른 특성을 보인다는 것이죠.

국가의 정의에는 워낙 광범위한 영역이 포함된 만큼 특정 부분만을 한정 지어 국가 간 차이를 비교하기엔 다소 무리가 있습니다만, 세상에 존재하는 수많은 직업 중 현재 각자의 위치와 시점에서 단기적인 혹은 개개인의 사정에 따른 장기적인 미래에 직업을 갖기 위해 필수적으로 참여해야 하는 면접을 준비하고자 하는 사람의 입장에서 이 책을 펼쳤을 것으로 생각하는 만큼 항공 승무원만으로 국한하여 생각해 봐도 이 직업을 마주하고 바라보는 시선은 국가마다 조금씩 혹은 일부 국가의 경우 큰 차이를 보이는 게 사실입니다.

물론 각자 다른 본인만의 주장을 할 수 있기에 일반화시킬 수는 없으나 보편적인 관점에서 보자면 주요 기관 고위급 인사의 자제가 너무 많다고 할 수 있을 정도로 선호도가 높은 직업으로 객실 승무원을 바라보는 국가가 있는가 하면 일부 국가에서는 그저 평범한 하나의 직업으로 바라보기도 합니다.

또 일부 국가에서는 선호하지 않는, 다시 말해 승무원을 비교적 인기 직업으로 분류하는 국가와는 반대로 선호하지 않는 것은 물론 꺼리는 직업으로 바라보는 곳 역시 존재하는 것이 사실입니다. 코로나19 대유행 위기를 겪으며 객실 승무원이라는 직업에 대한 조금씩 다른 국가별 인식은 더욱 확실해졌다고 볼 수밖에 없죠.

100명 중 1명이 합격하는 경쟁률을 보일 만큼 승무원이라는 직업이 인기 있는 국가에서는 감염병 확산으로 인해 증발한 항공수요를 바탕으로 채용시장 역시 얼어붙으며 너무도 이루고 싶지만 이룰 수 없는 직업으로서의 희소성이 더해진 만큼 포기자가 속출할지언정 그 인기는 여전할 것이며, 반대로 선호하지 않음은 물론 새롭지도 않고 진부한 직업으로 여기는 일부 국가에서는 해외로부터 유입될 수 있는 바이러스를 가까이에서 마주한다고 생각할 수 있는 기내와 공항이라는 현장에서 근무하는 직업이라는 생각을 바탕으로 더욱더 기피하는 직업이 될 수 있는 상황이라 판단됩니다.

이처럼 일부 국가는 그나마 최소한이라도 비행 스케줄을 배정받아 현장에서 일하는 승무원이 가질 수밖에 없는 고충, 즉 외부로부터 유입되는 바이러스를 최전방에서 마주할 수밖에 없는 기내라는 공간에서 근무하는 것은 조금 더 폭넓게 생각해 본다면 결국 항공사가 포스트 코로나 시대를 맞이하고 한 발짝 더 나아가기 위해 풀어야 할 숙제가 되기도 한다는 것을 시사하고 있습니다. 그럴 수밖에 없는 것이 기내 감염에 대한 우려를 나타내는 일부 연구 결과 및 연이은 매체의 주장과 같이 이는 인위적으로 폐쇄된 국경으로 항공기 운항에 차질을 빚으며 자연스레 증발한 항공수요와는 별개로 포스트 코로나 시대를 맞이함과 동시에 아무 일도 없었다는 듯 항공수요가 정상적으로 즉시 회복될 수 없는 이유가 바로 기내 감염과 방역 상태 등을 우려하여 여행 심리가 위축되는 결과를 낳고 있기 때문이죠.

물론 감염병 확산이 진행되는 상황에서 바이러스가 종식되고 사태가 일부 종료된 시기까지 과거와 달리 항공여행 수요가 증발하게 된 이유를 단순히 기내 감염에 대한 우려 때문이라 단정 지을 수는 없을 듯합니다. 복합적인 원인이 존재할 것으로 (코로나19 확산이 1년간 지속되고 있지만 현재까지 감염병 확산과 항공여행 소비를 접목한 연구가 미미한 것이 사실이지만) 일부 연구 결과는 밝히고 있다는 것을 확인할 수 있었죠.

그러나 여전히 수요 증발의 이유가 무엇이든 신규 인력 채용을 기대하는 단계에 이르기까지는 일정 수준까지 운영이 정상화되는 것을 넘어 억눌렸던 수요가 촉발되면 이를 모두 흡수함으로써 그간의 손실을 메꾸고 흑자로 돌아서기 위한 재활 계획에서 가장 먼저 풀어야 하는 중요한 과제는 잠재적인 소비자가 느끼는 항공여행에 대한 위험지각을 푸는 것이라고 볼 수 있습니다.

포스트 코로나 시대의 항공수요 회복 여부는 정부의 노력과는 별개로 항공여행의 시작점인 공항과 교통수단이라 볼 수 있는 항공기 내부인 기내의 위생 상태 및 방역 수준 등을 어떠한 방식으로 제시하느냐가 위축된 여행심리 회복에 일부 이바지할 수 있는 요소가 되리라 판단됩니다.

유급휴직을 시작으로 무급휴직을 넘어 구조조정 그리고 파산에 이르기까지 여러 단계의 위기 속에 놓인 항공사는 현재를 버텨내기 위한 강구책을 내놓고 있으나 이 시기를 통해 이미 항공시장 내 판세가 변화되는 것을 바탕으로 포스트 코로나 시대를 맞이함과 동시에 어떠한 방향으로 다시금 운영을 정상화하고 손실을 메꾸며 새로운 시대에 도태되지 않을지에 대한 노력은 결국 항공사에 속한 직업 중 하나인 객실 승무원이라는 직업을 꿈꾸는 이에게 채용 규모와 빈도라는 결과로 이어질 수밖에 없다고 봅니다. 과거, 현재 그리고 포스트 코로나로 명명할 수 있는 미래에 내가 속하고자 꿈꾸는 항공사가 어떠한 방향으로 나아가고 있는지에 대한 추세를 좇아가는 것은 전에도 그랬지만 앞으로의 채용에서 더더욱 중요한 핵심이 될 것은 부정할 수 없는 사실입니다.

이러한 이유를 바탕으로 필자는 빠르게 변화하는 채용시장의 동향을 발 빠르게 반영하기 위해 개정을 통한 2판 출간 및 연이은 품절로 총 5쇄 이상을 찍어낸 독보적인 판매량을 여전히 이어가고 있는 전작 〈당신은 승무원의 자질이 있습니까?〉와는 별개로 위드 코로나 시대를 지냄과 동시에 포스트 코로나를 앞둔 시점에서 여전히 면접을 준비하는 사람에게 필요한 트렌드, 다시 말해 항공사와 이들이 속한 항공시장의 동향과 추세를 따라가기 위해 필요한 최신 자료이자 올바른 정보를 전하고자 신작을 출간하게 되었습니다.

물론 건강, 보건 등의 시선으로 바라본 코로나19가 아닌 승무원이라는 직업을 선택하고자 면접을 준비하던 혹은 준비를 고려했던 분들의 경우 여객 항공산업의 존폐 위기를 시작으로 사실상 향후 수년간 채용을 기대할 수 없을 정도로 초유의 사태가 발생한 만큼, 지원의 기회조차 부여받지 못한 상황에서 그 누구보다 막연한 시간을 보낼 수밖에 없을 것이라 생각합니다.

현직 승무원조차 미래가 불투명한 상황에서 연일 쏟아지는 승무원의 고충, 하다못해 국가로부터 제공된 지원금은 물론 그들의 미래를 우려하는 목소리가 나오는 것과 달리 그 어디에도 소속되지 않은 지원자의 경우, 그 누구의 관심도 받지 못함은 물론 투자한 시간과 노력, 금전 등에 대한 보상을 기대할 수 없는 것이 현실이죠.

자신의 선택으로 지원을 결정하고 면접 준비에 필요한 여러 투자를 이어갔다는 이유로 그 누구에게도 책임을 묻지 못함은 물론 위로조차 받을 수 없는 힘든 시간을 보내며 누군가는 아니 사실상 정확한 수치가 존재하지는 않으나 절반 이상의 인원은 준비를 포기했거나 채용에 대한 희망을 저버린 상황이지만 일부는 여전히 장기전이 될지도 모를 도전을 이어가고 있다는 것을 오프라인 강의는 물론 블로그, 브런치, SNS 등의 온라인상에서 매일 마주하는 학생들을 통해 알 수 있습니다.

최근 학생들의 면접 관련 질문 중 가장 빈도수가 높았던 것이 다시금 채용을 기대할 수 있는 시기가 돌아오기까지 시간이 얼마나 더 필요하냐는 것이었습니다. 이를 통해서도 수많은 기권자 속 불투명한 미래를 위해 도전을 이어가는 사람은 존재한다는 것을 알 수 있습니다. 저 역시도 승무원이 되기 위해 누구든 무조건 참여해야 하는 면접을 준비하는 과정에 조금이나마 도움을 주는 강사로도 활동하는 만큼 사실상 끝을 알 수 없는 빙하기에 접어든 채용시장의 상황에 따라 면접을 위해 강의 혹은 면접 관련 온라인 채널 속에서 만나는 학생의 수 역시 눈에 띄게 줄어든 상황입니다. 그런데도 여전히 그것이 부정적인 내용이든 긍정을 담은 정보이든 간에 그에 대한 여부와는 별개로 발 빠른 항공시장 상황과 동향을 분석하여 전하고자 하는 노력을 이어가는 이유는 그마저도 끝을 알 수 없는 터널 속을 걷고 있는 소수의 지원자와 지원까지 다소간 여유가 있다고 볼 수 있는 나이대의 잠재적인 지원자를 위한 것이라 주장합니다.

물론 시장상황이 회복되고 채용이 재개됨과 동시에 다시금 돌아올지도 모를 일부를 위한 정보를 축적해 두기 위한 것으로도 볼 수 있을 듯합니다. 전과 다른 채용시장의 상황으로 인해 신작의 출간은 전작과 같은 반응을 기대할 수 없을 것이라 예상합니다.

그러나 이번 신작에 담게 된 내용은 누구도 내뱉지 못한 냉정한 시선에서 바라본 승무원이라는 직업의 현실적인 모습과 면접을 준비하는 과정에 필요한 전반적인 정보를 포괄적으로 담은 〈당신은 승무원의 자질이 있습니까?〉와는 달리 2019년 하반기를 시작으로 금방 바이러스가 종식될 것이라 쉽게 생각했던 2020년 초기를 넘어 2021년이 시작된 상황에서까지 그 어느 시점보다 긴박하게 달려왔고 또다시 달리며 재편이 이뤄지고 있는 항공시장 상황을 통해 현시점에서 포스트 코로나 시대의 승무원 채용을 준비하는 방향을 계획하고 업계 추세를 따라감과 동시에 큰 흐름을 이해하기 위한 과정에서 필요한 정보를 제시하였습니다.

물론 여전히 달라지지 않는 사실은 전작과 같이 신작 역시 승무원으로서 실제 비행을 했던 시간과 실제 면접 참여를 통해 얻은 수많은 합격과 탈락이란 반복된 경험 그리고 면접을 준비하는 분에게 도움을 주는 강사로서 전 세계 항공사의 동향을 파악하고 면접에 필요한 정보를 생산하며 형성된 본인만의 시장을 바라보는 독특한 시각과 냉철한 분석을 바탕으로 한 현실적인 조언에 이르기까지 모두 동일하게 적용된 책이라는 것을 강조하고자 합니다.

전 세계 여러 항공시장 상황을 초토화한 코로나19 확산사태는 모두에게 공평하게 작용하는 위기임에도 불구하고 어떤 곳은 시장에서 도태되어 역사 속으로 사라지거나 인수합병 과정을 통해 사라지기도 하지만 또 어떤 곳은 사라진 자리를 틈타 새롭게 시장 진출을 꿈꾸기도 한다는 것을 알 수 있습니다.

결국 이번 사태를 계기로 반복된 역사가 증명하고 있는 것과 같이 항공시장의 판세는 큰 변화를 맞이할 것이며 이미 그 재편이 시작되고 있는 만큼 이 시점에서 승무원 및 항공사 면접 준비를 이어가고 있거나 추후 시장 움직임에 따라 다시금 준비를 이어가고자 하는 마음을 가지고 있다면 포스트 코로나에 대비하는 최신의 항공시장 상황을 반영한 〈2021 승무원 트렌드〉를 통하여 전 세계의 다양한 항공사와 그에 속한 항공 승무원이라는 직업이 앞으로 뉴노멀 시대에 나아갈 방향과 추후 면접을 준비하는 과정에서 이해해야 할 추세를 파악하는 데 좋은 길잡이가 되기를 바랍니다.

저자 씀

차례

PART 2
이환위리(以患爲利), 위기를 기회로

PART 3
Ready for the New Normal(뉴노멀 시대의 면접 대비)

PART 1

격변의 시대,
항공사 승무원 채용 빙하기

승 무 원 트 렌 드

2 0 2 1

다시 보는 2020
승무원 채용시장

　　이유가 무엇이든 간에 이 직업은 선망받아야 한다는 것을 알리는 듯한 혹은 이러한 수준에도 미달하여 각자 살아온 환경과 경험, 경력 등에 따라 승무원이라는 직업에 적합한 사람임을 보여야 하는 면접인 만큼 준비하는 방법조차 조금씩 달라야 한다는 기본을 무시한 채 그저 획일화된 준비방법을 자체적으로 규정하는 것도 모자라 그것을 떠먹여 주듯 잘못된 방법을 강요하는 일부 승무원 관련 책을 비롯한 영상 콘텐츠 등과는 결이 다른 승무원 면접 콘텐츠를 책으로 출간하겠다고 결심한 뒤 실제 출간으로까지 이어지기까지 1년이라는 시간이 지났습니다. 이와 더불어 책 출간 전부터 승무원 채용 관련 정보를 다루는 강사이자 블로거로서 글을 써왔지만 〈당신은 승무원의 자질이 있습니까?〉를 출간한 뒤 항공사 면접을 준비하는 것은 그 어떠한 산업에 속한 직업군의 면접에 대비하는 것보다 정보력이 더욱 중요함은 물론 정보력이라는 것이 결국 빠른 시장 변화와 추세를 이해하고 따라갈 수 있어야 한다는 것을 가장 기본으로 해야 함을 절실히 느껴 승무원 채용과 더불어 항공시장 소식까지 분석하여 글로 생산하는 항공 블로거의 역할을 한 것 역시 2020년을 꽉 채워 1년을 채웠습니다.

너무나 현실적인 나머지 쉽게 직업을 결정하고 접근한 자신을 반성했다는 독자의 평을 통해 알 수 있듯 제 이름을 걸고 출간한 첫 책은 빠르게 정보를 입력해 주는 듯 보이는 영상 콘텐츠의 확산에 밀려 출판물의 판매량이 저조해진 현재를 기준으로 본다면 일반적인 승무원 관련 책이 보이는 판매 속도를 현저히 뛰어넘어 조기 품절되었고 빠른 시장 동향을 반영하여 개정된 2판이 출시되기도 했습니다.

이렇듯 저에게 2020년은 항공시장이 다사다난했던 만큼 쉽지 않은 시간이었음에도 불구하고 나무가 아닌 숲을 바로 보고 중장기적인 면접 준비를 이어가는 사람에 의해 선택되어 직업을 선택하고 면접을 대비하는 데 선한 영향을 미쳤다는 이유로 바빴지만 행복한 한 해를 보냈습니다.

승무원이라는 단어가 인생에 작게나마 한 부분을 차지할 것으로 보이는 이 책을 접하는 분들 역시 각자의 자리에서 여러 가지 의미를 지닌 채 잊지 못할 2020년을 정리하고 새로운 2021년을 맞이하고 있으리라 생각합니다. 2020년이 어떤 한 해였던 결국 새롭게 맞이한 2021년을 어떻게 보낼 것인지가 더욱 중요하다는 점은 부정할 수 없을 듯합니다. 그러나 2021년 새해를 알차게 보내기 위해서는 결국 끝자락임과 동시에 시작점인 2020년을 어떻게 정리했느냐에 따라 2021년의 시작 역시 다를 수밖에 없다는 것을 생각해야 합니다. 사람들은 대부분 새로운 시작에만 몰두하려 하지만 사실 과거의 시간을 잘 정리하고 분석하여 반성할 것은 반성하고 잘한 것에 대해서도 스스로 잘 알고 이어감으로써 끝을 잘 보내는 것만이 새로운 시간을 힘차게 시작할 수 있는 원동력이 될 수밖에 없기 때문이죠.

그러한 의미에서 세상을 살아감에 있어 내가 되고자 하는 직업과 그 직업이 속한 산업을 이해하고 면접에 대비하는 것은 매우 작은 부분에 불과하지만, 승무원 면접을 준비하는 대부분의 나이대인 20~30대의 시간과 세계만을 놓고 본다면 여전히 너무나 큰 영역을 차지하고 있는 것처럼 보이는 것이 취업이자 면접, 채용이란 키워드인 만큼 어느 때보다 차디찬 시간이었던 2020년 승무원 채용시장에 있었던 주요한 이슈를 중점으로 돌아보고자 합니다.

잠깐 2019년으로 돌아가 본다면 빙하기라는 한 단어로 정리할 수 있는 2020년의 승무원 채용시장의 원인을 코로나19로 돌리지 않더라도 이미 국내 항공사를 주축으로 중반기 이후의 채용시장은 얼어붙기 시작해 물이 사라지기 시작했었습니다.

FSC 간의 경쟁을 넘어 LCC의 시장 점유율 확대가 더욱더 거세져 이들의 경계선이 점점 모호해짐에 따라 과당경쟁이 심화되었고 설상가상 추가로 3곳의 항공사가 새롭게 항공사업 허가를 받으며 시장은 긴장하기도 했습니다.

이외에도 예상할 수 없는 유가의 유동성과 사드 보복사태에 이어 일본 불매운동까지 이어지며 경쟁하듯 공격적으로 기체 수를 늘리고 더는 갈 수 있는 노선이 없는데도 비축하기보단 공격적인 투자를 멈추지 않았고 수익성이 낮아도 기존 노선에 추가 슬롯을 확보하여 운항 횟수를 늘리는 등을 통해 외부에서 본다면 몸집은 분명 커 보이는 데 비해 실제 이윤은 이를 따라가지 못하는 그림을 보였습니다.

이는 결국 일본 불매운동으로 의존도가 높은 편에 속했던 일본 노선 운영에 차질을 빚는 결정타로 규모의 경제만을 실현하기 위해 몸집을 불려가던 항공사에 제동이 걸리며 자연스레 필요 이상으로 객실 승무원을 채용했다는 것을 감지하게 됩니다. 이렇게 2019년 중반기를 지나 하반기를 시작으로 본격적인 빙하기가 시작됨을 감지할 수 있었음에도 불구하고 여전히 일부 외국 항공사는 채용을 강행하기도 했습니다.

그중 첫 번째로 떠오르는 곳은 에티하드 항공이죠. 국내 항공사 간에 밥그릇 싸움이 심각해진 가운데 일본 불매운동으로 휘청하는 틈을 타 인천에 취항하는 외국 항공사는 이를 기회로 점유율을 늘려갔던 시기입니다.

코로나19 확산의 여파로 국경이 봉쇄되기 전까지 외국 항공사의 공격적인 인천 노선 투자가 눈에 띄게 늘기도 했습니다. 비엣젯 항공, 에티하드 항공, 카타르 항공 등이 이미 인천에 취항하고 있었지만 아시아 관광시장의 성장세에 큰 역할을 하는 한국으로의 진출 확대를 꾀했던 것으로 보입니다.

　물론 이는 포스트 코로나 시대가 시작된다면 이어질 수밖에 없을 듯합니다. 그중 에티하드 항공의 경우 비교적 가까운 과거에는 한국에서의 직접 채용을 자주 하지 않았던 곳인 만큼 2019년 하반기까지 1년 동안 총 3번의 서울 채용을 강행했다는 점은 분명 주목할 만한 소식이었습니다.

　물론 한 명도 채용하지 않거나 한 자릿수의 인원 채용에 그치기도 했으나 에티하드 항공의 승무원 채용은 오래전부터 맘에 들지 않으면 단순히 인원을 채우기 위해 채용하지는 않는다는 소신을 유지해 왔기 때문에 크게 이상한 결과는 아니었습니다. 다시금 한국 시장과 노선에 주목하여 한국인 채용에 나섰다는 것이 중요하겠죠.

　시장이 회복되는 시점에서 아시아 시장은 전 세계 관광시장에서 가장 높은 성장력을 인정받고 있고 그 중심에 한국의 영향력 역시 날로 높아질 수밖에 없으므로 에티하드 항공을 비롯하여 중동 항공사의 한국인 채용 빈도수는 줄어들 이유가 없음을 짐작게 합니다.

　에티하드 항공 외에도 2019년 하반기와 2020년 상반기, 즉 코로나19 확산이 본격화되어 국제선 운영이 멈추기 전에는 결국 채용은 취소됐지만 한국인 채용을 재개한 에어 아라비아의 국내 채용과 뱀부 항공 현지 오픈데이를 비롯하여 일부는 플랜 B를 본격적으로 가동하여 그나마 인력 수급을 이어가던 지상직 채용으로 눈길을 옮기기도 했습니다.

티웨이에어서비스, 에어코리아 등 일부 지원자의 경우 승무원 채용의 빙하기가 장기화할 수 있음을 느껴 지방 공항 지상직 채용에까지 지원자가 몰리기도 했죠. 이외에도 2020년 2월에는 2018년 채용 이후 2년 만에 에어프랑스 기내통역원 채용이 발표됐습니다.

일부 유럽 항공사와 같이 최대 2년만 근무할 수 있는 계약직이나 근무환경과 복지 등이 우수하다는 이유를 바탕으로 높은 경쟁률을 보이는 채용이긴 합니다만, 7년 만에 한국에서 2기 승무원을 채용한 핀에어에 이어 2월 진행된 에어프랑스 채용의 경우 코로나19 확산으로 인해 에어프랑스 내 구조조정 중 대규모 해고가 예고된 만큼 향후 오랫동안 한국인 통역 승무원 채용을 기대하기는 어려워 보입니다.

물론 KLM, 에어프랑스 등 한국 노선에 사실상 필수적으로 한국인 승무원 통역업무를 위한 인력이 탑승할 수밖에 없으나 기존 인력의 경우 2년 계약 만료로 퇴사해야 하는 항공사의 경우 포스트 코로나 시대를 맞이함과 동시에 국제선이 재개된다면 극소수일 수 있으나 채용을 기대해 볼 만한 이유도 충분합니다.

반면 코로나19 확산 초기 가장 피해를 본 한국인 승무원을 꼽자면 외항사인 동방항공 출신이 아닐까 싶습니다. 동방항공에 소속된 여러 국적의 승무원 중 부당하게 한국인 승무원에게만 확진자가 속출하기 시작한 중국 내 지방 도시로의 비행에 투입했다는 논란이 불거지며 국내 매체를 통해서도 이 소식이 전해졌죠.

논란이 거세지자 한국인 직원을 모두 유급휴가 처리 후 한국으로 돌려보내는 조치를 취했으나 3월 결국 계약기간을 마치고 재계약을 앞둔 일부 한국인 승무원을 해고했습니다. 이후 부당함을 주장한 한국인 승무원에 의해 해고 무효소송이 진행되는 것으로 전해졌으나 후속 보도나 관련된 정보가 외부에 알려지지 않아 자세한 진행상황은 알 수 없으나 이 사태에 대한 결론이 무엇이든 한국인 승무원을 다수 채용하는 외항사 리스트에서 동방항공을 다시 볼 수 있을지는 의문입니다.

추가로 보복성 처사로 보이는 해고사태로 양쪽 모두 상처받지 않고 웃을 수 있는 방향으로 마무리되었기를 바라봅니다. 물론 동방항공 한국인 승무원 이외에도 3월을 기점으로 코로나19 확산이 본격화되며 피해를 본 곳은 존재합니다.

신생 항공사입니다. 2019년 상반기 항공사업 허가를 받고 2020년 중 첫 취항을 할 것이란 계획이 무산되며 에어프레미아와 에어로케이는 신규 채용은 물론 2020년을 위해 미리 채용된 인력까지 기약 없는 시간을 보내게 됩니다. 그러나 에어프레미아의 경우 항공시장 내 이름을 알리고 관심을 끌기 위함과 함께 사실상 여전히 건재함을 보이기 위한 목적을 포함하여 하반기 취항을 강행하기 위해 사회적 거리 두기와 비대면 서비스가 강요되기 시작한 시기임에도 불구하고 신입과 경력 승무원 채용을 발표합니다.

사회적 거리 두기가 요구됨에 따라 대면 면접이 중요할 수밖에 없는 승무원 면접절차에도 여러 제약을 받을 수밖에 없겠죠. 이로 인해 앞으로 뉴노멀 시대에는 이를 보완하기 위해 포스트 코로나 시대의 승무원 면접 역시 새로운 대책이 나와야 한다는 목소리 역시 꾸준히 제기되고 있습니다.

에어프레미아는 이 시기에 국내 항공사 신입 승무원을 채용한 유일한 경우였던 만큼 전형단계마다 진행시간과 결과 발표 역시 늦어지기도 했습니다. 하이에어 계약직 경력 승무원 채용을 제외한다면 사실상 에어프레미아의 채용이 국내 항공사에서는 유일했다고 볼 수 있습니다. 사실상 외국 항공사를 포함하더라도 시장상황이 악화하며 취소된 에어 아라비아를 제외한다면 한국인 승무원 전체 채용시장에는 채용이 없었습니다. 지금까지도 이 수치는 변함이 없죠.

사실상 2020년 중반기부터 하반기까지는 채용시장에 아무런 소식이 없었다고 보는 게 좋을 듯합니다. 채용 주체가 되는 항공사에서 더는 객실에 필요한 신규 인력을 보충할 이유가 없었기 때문이죠. 항공사의 현 상황을 얘기하기 위한 악재를 나열하는 것이 더는 의미가 없을 정도입니다.

그런데도 여전히 2021년과 2022년 혹은 그 이후의 전망이 밝을 수밖에 없는 이유 역시 수없이 존재합니다. 지금보다 시장상황이 더 악화하는 방향으로 전개된다면 지금 내놓은 전망에 대한 얘기는 너무나 달라질 수 있지만 더는 나빠질 곳, 즉 더 내려갈 바닥도 없다는 위기 속에서도 그 원천이 비록 국가 지원금이란 이름의 부채일지언정 이스타항공을 제외한다면 국내 항공사의 대부분은 어려운 시기를 잘 보내고 있다고는 말할 수 없더라도 버텨내고 있는 것은 분명하기 때문입니다.

포스트 코로나 시대를 맞이함과 동시에 차츰 항공교통 수요가 회복되고 국제선 운항 역시 정상적인 흐름을 되찾는다면 시간이 흐름에 따라 2019년에 끊긴 상승곡선을 이어갈 수밖에 없음을 우선 생각해야 합니다. 특히나 비 온 뒤 땅이 더 굳어진다는 것과 같이 전에 없던 위기를 버텨낸 항공사는 재편된 후 더욱더 단단해질 수밖에 없기 때문이죠.

특히나 대한항공과 아시아나항공의 합병은 물론 이로 인해 남아 있는 항공사에까지 벌어질 여러 재편으로 인해 시장은 더욱더 견고해질 수밖에 없습니다. 외국 항공사 역시 각자의 위치에서 코로나19 사태를 돌파하며 그간 불필요했으나 떨쳐내지 못했던 군살을 빼며 뉴노멀 시대에 맞는 모습을 갖춰가고 있다는 점 역시 주목해야 합니다.

이외에도 신생 항공사의 등장은 결국 시장에서 도태되어 역사 속으로 사라진 누군가의 자리를 새롭게 메꾸며 시장 확대에 더 기여할지도 모릅니다. 항공산업으로만 국한해 본다면 코로나19 확산으로 인해 닥친 항공사의 경영 위기는 여러모로 건강하지 못했던 항공사를 가려내거나 조금 더 소비자 친화적인 정책을 내세운 신 사업자의 진출을 앞당긴 계기가 되어줄 것으로 보입니다.

물론 구조조정을 명목으로 해고된 수많은 승무원의 소식을 통해 느낀 안타까움은 이루 말할 수 없습니다. 필자 역시 2020년 하반기에는 여전히 현직 승무원으로 비행 중인 지인들의 연락을 받을 때마다 긴장했을 정도로 해고소식을 자주 접했기 때문이죠.

그러나 여전히 항공사는 고정비를 줄이지 못한다면 보유 자산보다 지출이 더 많아 지금 당장 공중 분해되더라도 이상하지 않을 상황에서까지 고정비용 중 상위권에 있는 인건비를 줄이기 위해 인력 감축을 강행하지 않을 수 없기 때문에 이 과정에서 일부 희생자로 선택되는 것은 어찌 보면 당연한 과정인 만큼 전체 항공사의 장기적인 미래를 놓고 얘기한다면 이러한 고통을 감내하고 지나가야만 더욱더 성장해 나아갈 수 있는 만큼 항공사와 이에 속한 모두는 지금 뼈저린 고통을 감내하며 어둠의 터널을 지나가고 있는 시기가 아닐까 싶습니다.

임금이 따르는 노동이었다고 말한다면 더 이상 반론하기는 어려울 수 있지만, 결국 항공사 성장의 한 부분을 담당했으나 지금은 인원 감축으로 인해 해고된 전직 승무원에게 항공사가 할 수 있는 최선이자 마지막 예의를 갖추는 방법이 있다면 이들의 노고를 인정하여 격려하고 아름다운 퇴장을 돕는 동시에 그들의 과거 노력이 헛되지 않도록 할 수 있는 한 최선을 다해 항공사 경영의 정상 회복시기를 조금이라도 앞당기는 것이 아닐까 싶습니다.

물론 바이러스가 종식됨에 따라 항공교통 수요 역시 회복되어 항공사 역시 추가 인력이 필요한 시점까지 복귀한다면 재입사를 고려할 기회가 주어져야 한다는 등의 얘기는 현재로선 꿈만 같은 얘기거나 아직은 섣부른 생각이라는 것에 동의합니다.

새로운 진입을 노리는 신입 승무원 지원자의 기회도 여전히 존중되어야 마땅하기 때문이죠. 물론 대상이 누구든 공정하고 공평한 기회가 주어질 수 있는 날이 오는 것이 우선일 듯합니다. 참고로 카타르 항공의 경우 특정 시기 이후의 해고 대상자에게 재입사를 약속하기도 했습니다.

예상치 못한 바이러스로 인해 시장이 악화한 만큼 시장의 회복 역시 예상보다 더 빠른 속도를 내줄 수 있을지도 모릅니다. 항공시장이 회복되는 것을 전제로 채용시장의 전망이 밝을 수밖에 없는 이유는 위에서 이미 제시한 인수합병 등으로 시작될 시장 재편과 이로 인해 달라질 경쟁 구도, 신생 항공사의 등장, 한국 관광시장의 잠재적인 성장력으로 기대할 수 있는 외국 항공사의 진출 확대를 비롯하여 중국 항공시장의 급성장이 이어짐에 따라 한국 항공시장이 받게 될 긍정적인 기대 영향과 비교적 나쁘지 않은 방역을 유지하며 얻은 긍정적인 인식을 통해 추후 외국 항공사 채용에서 한국인에 대한 긍정적인 평가를 기대해 볼 수 있다는 점 역시 사소합니다만 한국인 승무원 채용시장의 전망이 밝을 수밖에 없는 이유를 가중하는 요소로 꼽을 수 있습니다.

다소 소외되고 있는 이스타 항공 역시 B737 MAX기종이 다시금 하늘을 날기 시작함과 동시에 새로운 인수자가 거론되고 있어 다시금 시장 내 새로운 플레이어로 등장할 예정이기 때문에 국내외 시장 모두 앞으로의 채용시장은 더욱더 확대될 수밖에 없다는 것을 예상하게 됩니다. 물론 어디까지나 이러한 시나리오는 앞으로 모든 흐름이 긍정의 길로 흘러간다는 가정하에 가능하다는 점 역시 부정할 수 없습니다.

그러나 면접에 대비하면서 가장 예의주시해야 하는 것은 채용시장과 승무원 채용시장의 주체인 항공사의 흥망성쇠인 만큼 그 어느 때보다 어려웠지만 새로웠던 2020년의 정리를 시작으로 2021년의 전망을 이해하고 준비를 이어가는 것이 중요하다는 것을 바탕으로 몇 가지 중요한 2020년 항공사와 채용 이슈를 돌아봤습니다.

　새해를 맞이하기 전 1년을 돌이켜보는 시간은 매번 괴롭기도 하지만 또 한편으론 앞서 얘기한 것과 같이 끝은 곧 새로운 시작을 알리는 것을 넘어 시작점의 역할까지 한다고도 볼 수 있는 만큼 2020년 승무원 채용을 준비했거나 기다린 사람이라면 직업을 준비하는 과정에서만큼은 원하는 결과를 얻지 못했을 수 있으나 2021년 그리고 그 이후의 시점에서만큼은 기다린 시간과 노력만큼의 성과를 달성하기 위함은 물론 1년 뒤 2021년의 끝자락에 직업을 가지기 위해 면접을 준비하며 보낸 시간에서만큼은 괴롭지 않을 수 있는 준비를 이어나가기 위한 2020년을 정리하는 시간을 가져보기를 바라며 본격적인 〈2021 승무원〉을 시작합니다.

누구의 잘못일까?
숨 가쁘게 달려온 이스타 항공

　　기간산업이자 기초산업이라고 말하는 이 개념은 나라의 경제를 이끌어가는 주요한 산업군을 분류한 것으로 이해할 수 있습니다. 다시 말해 기간산업으로 분류된 산업이 어려움에 빠지면 자연스레 나라 전체의 경제에 일부 타격을 줄 수 있을 만큼 중요한 산업을 기간산업으로 정하고 있는 것이죠. 화학, 원료, 교통 등이 이에 속하고 그중 국내선은 물론 국가 간 화물 및 여객 운송을 위한 항공교통으로 항공사가 포함되어 있다고 볼 수 있습니다.

　　항공사는 기간산업으로 지정된 만큼 현재 전 세계가 겪고 있는 감염병 확산으로 인한 수요 증발 때문에 벌어지고 있는 항공산업의 경영 악화라는 급한 불을 끄기 위해 결국 빚이라고 볼 수 있는 정부 지원금을 통해 국내 항공사는 최악의 사태라고 볼 수 있는 구조조정 단계까지가는 것을 피하고 있습니다. 그런데도 이스타 항공의 경우 2020년 10월 객실 승무원을 포함하여 총 600여 명의 인력을 구조조정하게 되었습니다.

물론 이스타 항공의 대량 실업사태는 현재 대부분의 항공사가 겪고 있는 코로나19 확산으로 인한 위기로부터 시작된 것이라 볼 수만은 없습니다. 2019년 상반기만 보더라도 과당경쟁 우려 속에서도 여전히 성장세를 이어가는 것으로 보이는 국내 LCC 항공사의 질주를 주목하는 매체의 기사가 쏟아졌고 이스타 항공 역시 B737 MAX기종을 빠르게 도입하며 중거리 노선을 공략하기 위한 움직임을 보였다는 것을 알 수 있습니다. MAX기종 도입에 대한 선택은 추후 연이은 사고로 기체 사용에 제한을 받으며 항공사 전체의 운영능력이 도마 위에 오르며 평가받기도 했습니다.

그러나 이 시기에는 6개의 국내 저비용 항공사에 이어 국토부로부터 7번째 신규 사업자의 공개가 임박했던 만큼 타 항공사와 마찬가지로 이스타 항공 역시 몸집 불리기에 누구보다 집중했던 시기라고 볼 수 있을 듯합니다. 필리핀, 괌, 태국 등에 싫증을 느낀 동남아 여행 수요를 베트남이 이어받으며 이스타 항공 역시 2019년 첫 신규 노선으로 나트랑을 내세우는 등 베트남 노선 확장에 적극적으로 앞장섰던 것만을 보더라도 2019년 하반기를 기점으로 시작된 감염병 확산에 의한 수요 감소를 모든 사태의 원인으로 꼽을 수는 없다는 것을 이해할 수 있습니다.

특히나 승무원 채용 규모와 빈도수를 바탕으로 항공사의 성장세를 예측해 볼 수 있는 만큼 이스타 항공은 2018년 12월에는 2019년 상반기 1차 승무원을 채용했고, 2019년 3월 신규 노선 및 항공기 도입 계획에 맞춰 상반기 2차 채용을 급히 진행했을 만큼 빠른 성장세를 보이는 듯했던 시기로 볼 수 있습니다. 2차에만 이미 54명을 채용할 것이라 밝혔다는 것만 보더라도 과거의 성장 속도와는 분명 달랐던 것이 분명했습니다.

그러나 2018년 10월 라이온에어의 맥스기종 추락사건에 이어 5개월 만인 2019년 3월 또다시 같은 기종의 사고가 에티오피아 항공을 통해 일어나면서 이미 B737 MAX기종을 도입한 이스타 항공을 비롯하여 제주항공, 대한항공 등은 도입을 검토하거나 이미 계약 후 인도만을 남겨둔 항공사는 신규 항공기 운영 계획에 차질을 빚게 되었고 이스타 항공의 경우 태국 내 법인을 설립하고 타이 이스타 항공의 취항을 위해 벌이던 물밑작업까지 도마 위에 오르며 사실상 부실 경영에 대한 논란에 조금씩 불이 지펴졌다고 볼 수 있습니다.

그러나 맥스기종에 대한 2019년 하반기 재운항 여부가 주요 관심사로 떠오르며 희망의 불씨가 살아나는 듯 보였으나 추후 미 항공 당국에서 추가적인 기체 결함을 발견하면서 다시금 승인을 허가한 2020년 12월까지 맥스기종을 보유한 여러 항공사는 그저 주기된 항공기를 방치할 수밖에 없는 상황이었죠. 맥스 도입에 대한 불운에 이어 악재는 연달아 겹치게 됩니다.

타이 이스타제트 내 취업 특혜 논란이 국정에서 본격적으로 시작되었고 비슷한 시기에 시작된 일본 상품 불매운동, 노재팬이 일본 여행으로까지 이어지며 이스타 항공을 비롯한 국내와 일본 항공사는 한일 노선 운영에 큰 차질을 겪게 됩니다. 특히나 국내 저비용 항공사의 경우 일본 내 소도시까지 취항을 강행하며 승객을 실어날랐던 만큼 사드 사태로 중국 노선에 차질을 빚으며 겪었던 타격 이상의 수준으로 매출 감소를 겪게 됩니다.

2019년 7월 중순을 기점으로 본격적인 일본 노선 축소가 진행되며 눈덩이처럼 손실이 불어나던 이 시기 누구보다 답답한 시간을 보냈던 사람은 상반기 2차 승무원 채용을 통해 합격한 일부 인원으로 맥스 사태 등을 통해 입사가 지연되는 사태를 겪기도 했습니다. 물론 이들을 포함하여 대체로 신입 승무원에 가깝다고 볼 수 있는 연차가 낮은 인력은 현재 대부분 해고된 것으로 전해집니다. 상대적으로 어린 나이를 이유로 재개능력이 더 높을 수밖에 없다는 논리가 적용되었다고 볼 수 있죠.

그러나 2020년 본격적으로 코로나19에 대한 심각성이 대두되기 전 이스타 항공에도 잠깐의 희망이 찾아오는 듯했던 사건이 존재합니다. 2019년 12월 18일 제주항공의 모기업인 애경그룹에서 이스타 항공 인수 의사를 밝힌 것이죠. 물론 결과적으로만 본다면 코로나19 확산의 여파로 초기 인수금에서 150억을 깎은 500억대의 금액으로 결정된 이후에도 항공수요는 꾸준히 증발하며 이스타 항공의 경영 악화 역시 날로 깊어졌고 애경그룹과 이스타 항공의 인수합병 과정 역시 복잡한 이해관계 속 이견 조율 실패 등을 이유로 2020년 7월 결국 인수를 포기하게 됩니다.

현재까지 책임 소재를 가리기 위한 논쟁이 이어지는 것으로 보입니다만, 사실상 이스타 항공은 600여 명의 인력이 해고되고 항공기 반납 등이 강행되며 6대의 항공기로 비행을 재개하기 위한 인력과 최소한의 운영을 이어가고 있는 상황입니다. 문제는 경영진의 부실 경영에 대한 책임을 온전히 600여 명의 직원이 지게 되었다는 것이 아닐까 싶습니다.

이를 통해 현재 해고의 억울함을 호소하고 있는 이스타 항공 노조는 강하게 반발하며 시위를 이어가고 있는 상황입니다만, 국토부를 비롯한 관련 정부기관은 2020년을 넘어 2021년까지 이어지는 국내 항공 산업의 규모의 경제를 실현하기 위한 대한항공의 아시아나항공 인수합병에 대부분 관심이 쏟아져 이스타 항공 사태에 대해서는 손을 놓고 있는 모습이죠. 꾸준히 목소리를 내고는 있으나 시장 내 큰 관심을 받지 못하는 안타까운 상황이 이어지고 있습니다만, 현재로선 600여 명의 해고된 인원을 구제할 방법을 찾기 어려운 것은 물론이고 더 나아가 남아 있는 인력을 통한 비행 재개 역시 불투명한 시점으로 일부 항공 전문가는 사실상 폐업 순서를 밟을 것이란 예측까지 나오고 있음을 확인할 수 있었습니다.

운항이 완전히 중단되어 부실 경영에 대한 경영진의 책임 논란 역시 흐지부지해지는 만큼 해고된 인원에 대한 추후 구제에 이어 신규 인력에 대한 채용까지 기대할 수 있는 시기가 돌아올지 혹은 이스타 항공 역시 시장 논리에 의해 도태되어 역사 속으로 이름을 남길지는 조금 더 지켜봐야 할 듯합니다만, 누군가의 피와 땀이 섞인 희생으로 쌓은 부를 통한 행복은 결국 오래갈 수 없다는 정의가 실현될 수 있는 결과를 볼 수 있기를 간절히 바라봅니다.

합종연횡 전략으로 하나될
LCC의 미래는?

중국의 춘추전국시대를 이끌었던 수백 개의 국가 간에 벌어진 전쟁에서 살아남은 7개의 국가 중 가장 힘이 강했던 진나라를 견제하고자 나머지 6개의 국가가 동맹을 맺었던 과정에서 나온 계책을 뜻하는 합종연횡은 현대사회에서도 꾸준히 제기되고 있습니다. 특히나 시장 내 경쟁에서 살아남기 위한 기업 간의 결합 혹은 동맹을 두고 흔히 사용하는 것이 일반적입니다. 최근 국내 항공시장 상황을 보도하는 자료에서 자주 등장하는 표현이기도 하죠.

포스트 코로나 시대를 맞이함과 동시에 시장 판세에 큰 변화가 생길 수밖에 없다는 것을 예고하듯 그 시작점에 대한항공과 아시아나항공의 합병과 에어서울, 에어부산 그리고 진에어를 통합하려는 움직임이 시작되었습니다. 물론 대한항공과 아시아나항공의 합병 역시 반대

세력으로 볼 수 있는 제삼자 연합의 가처분신청이 기각되어 대한항공은 계약금 3,000억과 영구채 3,000억 원을 아시아나항공에 투입하기전 단계에 있는 만큼 앞으로 기업결합심사 등의 추가적인 단계가 남은것을 생각해 본다면 그들 아래 속해 있다고 볼 수 있는 진에어와 에어부산, 에어서울의 통합 역시 가까운 시일 내에 가능한 상황은 아닐 것으로 보입니다.

특히나 최근 이미 부산 시민과 부산시에서 부산을 거점으로 한 통합이 시행되어야 할 필요성 등을 주장하는 행보만 보더라도 부산에 거점을 둔 부산시 역시 지분을 보유한 에어부산과 서울을 거점으로 한 진에어와의 통합과정에서 힘겨루기는 불가피한 상황으로 여겨지는 만큼순조롭게만 이뤄지는 과정은 아님을 짐작게 합니다.

일각에서는 에어부산의 경우 독자 경영을 주장할 수도 있을 것이란 전망 역시 나오고 있죠. 통합이라는 주제 이외에 구체적인 계획이사실상 나오지 않은 시점에 있으나 이미 시작된 LCC 3곳의 기 싸움의결과는 현재로선 알 수 없는 상황입니다. 가장 쉽게 예상할 수 있는 흐름은 한진그룹의 아시아나항공 인수과정에서 조금 더 우위에 있다고볼 수 있는 한진그룹의 진에어가 나머지 2곳을 흡수하는 방향이었으나본격적인 통합과정이 진행됨에 따라 다른 의견을 내세울 수 있는 에어부산으로 이목이 쏠릴 것이라 판단됩니다.

결국 아시아나항공과 대한항공의 결합으로 명명된 빅딜에서 파생된 또 하나의 저비용 항공사 통합 협상으로 인해 전체 국내 항공시장의 판세가 변하는 것은 물론이며 저비용 항공사 간의 경쟁구도 역시 판을 엎고 새로운 경기가 시작될 것으로 보인다는 것은 부정할 수 없는 사실일 듯합니다. 그러나 2021년을 눈앞에 둔 시점에서 집필된 이 책이 출간된 후 또다시 하루가 다르게 새로운 변화가 이뤄질 수밖에 없는 시점에 와있는 만큼 누구도 예상하지 못한 통합카드가 제시되었던 것과 같이 아무 일도 없었다는 듯 또 다른 계획이 나타나 채용을 준비하는 분들이 따라가야 할 시장의 추세 역시 바뀔 수 있다는 점은 항상 잊지 말아야 합니다. 그래야만 승무원이라는 직업이 속한 항공사의 변화에 따라 달라질 수 있는 채용 동향 역시 유연하게 받아들일 수 있는 능력을 키울 수 있기 때문이죠.

전작(〈당신은 승무원의 자격이 있습니까〉)은 물론이고 오프라인 강의를 통해 꾸준히 강조한 것과 같이 승무원 면접은 결국 과거부터 꾸준히 유지되는 고전의 법칙을 지키는 것을 기본으로 내가 지원한 항공사가 현재 시장 내 생존을 위해 나아가고 있는 방향, 즉 빠르게 달라질 수 있는 최신 트렌드에 맞춰서 준비하는 것이 중요하기 때문입니다. 특히나 코로나19 사태를 겪은 항공사는 정도에 차이는 있습니다만, 그동안 비슷하게나마 항공사 운영을 악화시켰던 메르스, 사스, 9.11테러, 사드 사태 등을 통해 학습했던 것과는 비교할 수 없는 수준에서 고통을 감내했고 지금도 그 과정에 있는 만큼 언제든 반복될 수 있는 위기 속에서 버텨낼 수 있을 만큼 맷집이 강한, 다시 말해 맷집의 근원이라 볼 수 있는 굳건한 애사심, 충성심을 기본으로 빠른 변화에 유연함을 보일 수 있는 지원자를 선호할 수밖에 없다는 계산을 할 수 있겠죠.

결국, 애사심을 보일 수 있는 면접 내 고전 전략을 기본으로 빠른 변화를 따라가고 있다는 것을 보이는 최신 트렌드가 필요해질 수밖에 없음을 기억하기 바랍니다. 합종연횡 전략을 구사할 것으로 보이는 저비용 항공사의 통합으로 LCC 승무원의 채용 역시 큰 변화가 찾아올 것으로 보입니다.

당장 통합에 대한 구체적인 계획조차 발표되지 않은 상황에서 기대할 수 없는 채용이지만, 여전히 한 치 앞을 예상할 수 없는 시장에 진입한 지원자는 추세를 따라가는 것에서 더 나아가 나름의 분석과 예상 가능한 시나리오를 바탕으로 각자의 상황에 맞는 면접 준비에 대한 방향과 계획을 세울 필요는 충분할 것으로 보입니다.

기회는 누구에게나 주어질 수 있으나 최소한의 준비조차 되어 있지 않다면 너무 많은 변화가 짧은 기간에 이뤄진 뒤 마주한 기회를 잡기 위해 벼락치기를 할 수 있을 만한 규모가 아니기 때문이죠. 지원자가 처한 각기 다른 환경과 조건 아래서 현재 주어진 삶에 최선을 다하되 변화하는 시장상황을 쫓아 나름대로 가능한 준비를 함으로써 채용 재개와 동시에 그간의 공백기를 알차게 보냈다는 것을 증명할 수 있는 준비를 이어가야 함을 잊지 말기 바랍니다.

억눌렸던 진에어!
질주할 수 있을까?

    국내 FSC 항공사의 단일화로 인한 지각 변동은 물론이고 과당경쟁으로 대란을 이어가던 저비용 항공사 역시 경쟁구도가 변경될 것이란 주제가 던져지며 전체 국내 항공시장의 판세가 바뀔 수밖에 없음을 짐작게 합니다. 특히나 저비용 항공사 순위로는 진에어와의 끈질긴 경쟁 끝에 1년간 국토부 제재를 받는 사이 1위를 유지하던 제주항공의 전망에 대한 우려의 목소리가 가장 높은 상황이 아닐까 싶습니다.

    물론 일정 수준에서나마 경쟁력을 갖추었던 것으로 평가받는 제주항공과 티웨이 항공은 3사 통합의 주인공인 에어서울, 에어부산, 진에어의 결합 이후에도 해볼 만한 경쟁상대일 것이라는 평가를 바탕으로 부정적인 여론보단 긍정적으로 전망하는 기관이 우세한 편입니다만, 이스타 항공을 비롯하여 일부 신생 항공사의 경우 매우 어두운 전망을 하는 상황이죠.

AOC, 운항 증명 발급조차 마감기한이 임박한 항공사가 있는 만큼 이스타 항공을 포함한 이하 일부 항공사의 미래 역시 주목해야 할 필요는 있습니다만, 현재 빅딜로 명명된 기존 항공사 간의 개편에 대부분의 여력이 쏠려 있어 다소 소외되는 그림이죠. 2020년을 마무리하는 시기를 넘어 2021년 상반기를 기점으로 기존 항공사의 본격적인 개편과 이를 통한 경쟁구도의 변화문제에 직면한 제주항공과 티웨이 항공 그리고 생존이 불투명한 신생 항공사의 미래까지 어느 정도 정리되리라 판단되는 만큼 조금 더 신중히 변화를 따라가야 할 듯합니다.

그중 최근에 가장 주목할 만한 행보를 보이는 곳은 진에어가 아닐까 싶습니다. 경영진의 갑질논란 등 때문에 국토부 제재가 가해지며 1년간 신규 항공기 도입과 노선 확장, 채용 등에 대한 제한을 받으며 제주항공과의 격차가 벌어지고 사실상 2위를 유지하는 것조차 위협받은 시간을 가졌던 것은 물론이며 제재가 해제된 뒤 빠른 회복속도를 보이는 듯했으나 감염병 확산 때문에 수요 증발에 대한 타격을 받았죠.

그런데도 최근 가장 빠른 회복속도를 보인다고 평가할 수밖에 없는 이유 중 하나는 바로 과거 골칫덩어리로 전락할 뻔한 중형기의 활약 때문입니다. 그들이 보유한 중형기 B777 중 한 대를 화물기로 변경하여 장거리까지 화물을 운송하며 실적 개선에 나서기 전까지는 사실상 타 항공사의 A380과 비슷한 평가를 받기도 했죠. 수요가 부족해진 상황에서 B777을 운영하여 이익은커녕 띄우는 게 오히려 더 손실인 상황이었기 때문이죠.

그러나 줄어든 국제선 운영 때문에 항공화물 수송능력이 전체적으로 떨어짐과 동시에 자연스레 화물운송료가 오르며 이를 통해 수익을 내는 FSC 항공사를 통해 LCC 항공사 역시 화물운송시장에 뛰어드는 모습을 보입니다. 물론 대부분의 저비용 항공사에서 보유한 기종으로는 화물기의 역할을 할 수 없는 것이 사실이죠. 태생이 화물기가 아니었음은 물론이며 카고 시트 백을 활용하더라도 기종이 가진 한계점을 뛰어넘기는 무리가 있는 만큼 돈이 된다고 하여 무조건 화물사업에 뛰어드는 것만이 능사가 아니라는 지적 역시 꾸준히 제기되고 있는 듯합니다.

A320 혹은 B737로 대변되는 저비용 항공사의 대표 기종과 비교한다면 종합적으로 2배에 가까운 화물 수송능력을 갖췄다고 볼 수 있는 B777 항공기 4대 중 1대를 화물기로 대체하기 위해 개조하여 운영하는 진에어는 장기적인 관점에서 화물사업을 확대해 나가리라 판단되는 만큼 추후 또다시 비슷하게 마주할 수 있는 항공수요와 관련한 위기 속 돌파구 마련을 위한 투자가 이어지리라 생각합니다.

그 어느 때보다 발 빠른 산업구조의 변화가 일어나는 시대를 살아가는 만큼 빠른 변화를 읽고 그 누구보다 빠르게 적용하는 곳이 바로 주식시장이죠. 단순히 수익을 내기 위한 투자의 접근을 떠나 산업사회를 살아감에 있어 빠른 변화를 읽고 흡수할 수 있는 정보를 얻을 수 있는 시장으로도 볼 수 있는 주식시장의 변화만을 보더라도 여러 저비용 항공사 중 진에어의 행보에 가장 주목하고 있다는 것을 짐작게 합니다.

개인 투자자에 의해 성공한 것으로 평가받는 진에어 유상증자는 물론이고 최근 화물운송능력에 대해 긍정적인 평가를 받는 점 등을 바탕으로 주가 상승을 이어가고 있죠. 주가는 항상 먼저 반영되는 것이 일반적인 원칙인 만큼 시장 내 가장 빠른 회복력을 보이는 곳 중 한 곳이 바로 진에어가 아닐까 싶습니다.

항공사는 물론이고 더 나아가 큰 부류로 볼 수 있는 관광시장의 회복은 결국 여행심리 회복으로 말미암은 수요 발생인 만큼 진에어 역시 감염병 확산세가 점차 고개를 숙임과 동시에 여행 수요가 증가해야만 정상적인 회복단계에 들어서며 신규 채용 역시 기대할 수 있다는 것은 부정할 수 없는 사실이죠. 그러나 포스트 코로나를 맞이함과 동시에 2020년에 이어 2021년 상반기 시장 내에서 어떠한 긍정적인 행보를 보였느냐에 따라 순위에 큰 변화가 발생할 수밖에 없는 만큼 진에어는 3사 통합을 떠나서 보더라도 선두자리 재진입은 물론이고 국토부 제재 시기를 놓고 본다면 사실상 신입 승무원 채용에 대한 공백이 가장 길었던 만큼 국내 첫 승무원 채용의 주인공으로 기대해 볼 만한 이유는 충분하리라 판단됩니다.

가장 가까운 과거로만 국한해 본다면 2016~2018년은 국내 저비용 항공사 채용의 황금기라고 볼 수 있습니다. 이 시기 국내 채용시장에서는 대한항공과 아시아나에서만 가능할 것이라 여겼던 3자릿수 이상의 승무원 채용이 진에어에서도 일어날 만큼 채용규모가 컸던 시기였다고 볼 수 있죠. 그러나 과당경쟁과 유가 상승, 사드 문제에 이어 일본 불매운동 등을 시작으로 감염병 확산이란 문제에 직면하였고 특히나 국토부의 신규사업 제재를 받았던 진에어의 경우 오랫동안 신규 채용을 할 수 없는 상황입니다.

전문기관과 전문가에 의해 언급되는 것과 같이 항공여행 수요가 회복되기까지 최소 2년 이상의 시간이 필요할 것이라 분석되는 만큼 신규 채용을 기다리는 것은 당연히 막연할 수밖에 없습니다만, 어려운 시기 속에서도 진에어의 행보와 같이 화물운송으로 사업을 일부 확장하거나 기내식을 온라인으로 판매하기 위한 전략을 펼치는 등 이번 위기를 계기로 사업 다변화에 대한 학습을 이어가고 있는 만큼 중장기적인 관점으로 본다면 분명 항공사는 성장하여 과거보다 더 큰 몸집을 키울 가능성은 충분하리라 판단됩니다.

결국, 대부분의 주장과 같이 항공교통에 대한 수요는 회복될 수밖에 없으며, 과거 비슷한 사례에서 학습했던 것과 같이 억눌렸던 여행에 대한 수요는 이전과는 조금 다른 형태일 수 있지만, 여전히 폭발할 수밖에 없는 만큼 회복단계로 볼 수 있는 현재 시점에서 가장 독보적인 행보를 보이는 진에어를 가장 먼저 주목할 수밖에 없을 듯합니다.

승 무 원 트 렌 도

2　　0　　2　　1

순위 하향될 제주항공에
시선이 쏠리는 이유

그렇다면 2019년 중반기까지의 시장상황을 통해 알 수 있듯이 상승 질주하던 국내 저비용 항공사의 기세에 눌려 기를 펴지 못하던 대한항공과 아시아나항공이 눈엣가시와 같았던 제주항공을 비롯하여 티웨이 항공까지 제압할 수 있는 3사 통합이란 카드를 꺼내든 시점에 시장에서 가장 이목을 끄는 곳은 제주항공이 아닐까 싶습니다.

FSC 항공사인 대한항공과 아시아나항공의 인수합병과 더불어 3곳의 저비용 항공사 역시 통합하여 저비용 항공사만의 시장까지 우위를 선점하겠다는 움직임이 조금씩 본격적인 모습을 드러낼 때마다 시장은 제주항공의 반응에 주목하는 듯합니다. 그럴 수밖에 없는 것이 국내 저비용 항공사 중 가장 규모가 크다는 점을 통해 시장 내 세력을 넓혀왔기 때문이죠.

하나의 예로 지금은 사라졌지만, 한때 제주항공의 기내 홍보방송 중 "우리나라 3대 항공사로 발돋움한…"이라는 문구를 통해 알 수 있듯 아시아나항공이 부채에 허덕이며 정신을 잃어가는 틈을 타 폭발적인 점유율 상승 및 이를 통한 매출 상승을 이어갔던 만큼 3곳의 통합이 무사히 진행된다면 현재로선 사실상 시장 내 점유율이 없다고 볼 수 있는 플라이강원, 에어로케이, 에어프레미아와 운항이 모두 중단된 이스타 항공을 뺀 뒤 남게 되는 통합 항공사, 티웨이 항공 중 2위가 되기 때문이죠. 통합될 3곳의 총 항공기 수와 노선, 인력, 주요 허브 공항 등을 고려한다면 출혈이 불가피할 것이라고 보는 이가 많은 만큼 이에 맞서기 위해 어떠한 전략을 세울지도 꾸준히 지켜봐야 할 듯합니다.

시장 내에서는 3곳의 통합으로 보이는 전략과 같이 티웨이 항공과의 합종연횡만이 살길임을 주장하는 목소리도 있으나 너무나 다른 성격과 출발을 한 두 곳이 동맹을 맺거나 통합될 만한 접점을 찾기가 어려워 보인다는 것이 개인적인 주장입니다. 물론 조금 더 지켜봐야 할 사항으로 보이지 않는 곳에서 일부 관련된 얘기가 오갔던 것으로 알려졌던 호남지역의 유명 건설사에서 이스타 항공을 인수하기 위해 물밑작업을 하고 있다는 카더라가 일부 떠돌고 있으나 끝내 해당 건설사가 부인하는 것만 보더라도 불안정한 현재의 항공시장 상황에서 여러 가지 변수가 꾸준히 제시되고 실제 시행되거나 자취를 감추는 과정이 반복되는 만큼 제주항공과 티웨이 항공의 행보 역시 채용시장에 큰 영향을 미치는 항공사이기 때문에 꾸준히 확인해야 할 내용이 아닐까 싶습니다.

특히나 평소 시장 내 큰 세력을 내세웠던 기업이 평상시와 달리 다소 조용하거나 움츠러든 모습을 보이는 시점은 대부분 비장의 카드를 꺼내기 전 칼을 가는 경우가 다수인 만큼 50인승 프로펠러기로 시작하여 현재 국내 최대의 저비용 항공사로 성장한 저력을 보인 제주항공 그리고 그 뒤를 쫓는 티웨이 항공의 반격 역시 충분히 기대해 볼 수 있을 듯합니다. 현직자는 물론이고 항공시장과 관련한 전문가 역시 지금과 같은 시장상황에서는 한 치 앞을 예상할 수 없는 만큼 작은 행동에도 큰 결과가 초래될 수밖에 없습니다.

따라서 감염병 확산 전까지의 시장상황으로만 본다면 주도권을 넓혀가던 저비용 항공사가 현재 잠시 움츠러든 모습을 보이는 것은 결국 2021년 행보를 기대하게 함은 물론이고 이를 통해 수없이 변화될 시장의 판도 역시 채용 재개시기와 앞으로 재개될 채용의 규모 및 방향 등을 결정함에 있어 중요한 잣대가 될 수밖에 없을 듯합니다.

이렇듯 신규 채용을 재개할 시점만을 손꼽아 기다리는 사람이 있지만, 반대쪽에서는 제주항공은 신입 그리고 대한항공의 경우 경력직 승무원 채용을 끝마친 시점과 코로나19 확산이 본격화되면서 합격자의 입사를 미루는 등의 행동을 취하며 최대한 합격 취소라는 결과를 피하고자 노력하는 모습을 보고만 있어야 하는 사람도 있다는 것을 지원자의 위치에 있는 상태라면 여전히 주목해야 할 듯합니다. 물론 지원조차 해보지 못한 혹은 채용이 활발하던 시기에도 지원자였으나 지금도 여전히 지원자인 사람으로서는 최종 합격이란 통보를 받은 자가 여유

로워 보일 수 있겠으나 그들의 처지에서 본다면 막연한 기다림의 연속이자 합격이 무산될 수도 있을 것이란 불안 속에 시간을 보내고 있다는 생각을 해야 합니다.

IMF 시기와 합격이 겹치면서 수년간 입사를 기다려야 했던 아시아나항공 IMF 기수 승무원을 통해 보는 전례에서 알 수 있듯이 국내 항공사의 경우 항공사가 파산이라는 난계까지 가지 않는다면 다소 긴 시간을 기다려야 할지도 모르지만, 입사가 가능한 게 대부분입니다. 대체로 합격자를 보호하는 장치가 없지 않은 편이기 때문이죠.

그러나 반대로 외국 항공사의 경우 국가별 그리고 항공사별 차이는 분명 존재합니다만, 한국인 승무원을 채용하는 항공사 중 일부 외항사는 합격을 통보한 뒤 구체적인 사유를 밝히지 않은 채 수개월에서 수년을 기다리게 하거나 합격 취소를 일방적으로 통보하는 경우가 흔한 편입니다. 물론 국내 항공사 역시 그러지 않을 수 있다는 보장은 없으나 자국민을 뽑은 국내 항공사의 입장과 외국인을 합격시킨 외국 항공사의 입장은 당연한 차이를 보일 수밖에 없다는 점 역시 국내외 항공사 승무원 면접을 앞둔 지원자라면 꼭 염두에 둬야 할 사항이 아닐까 싶습니다.

특히나 지금과 같이 격동의 시기에 일어나거나 이 시기를 지나 완전하지 않은 상태에서 진행될 채용은 시기상 어쩔 수 없이 어수선하거나 불안정한 모습을 보일 수도 있으므로 더더욱 다양한 변수에 흔들리지 않을 수 있는 심리적인 준비 역시 필요합니다.

현재 합격 통보를 받고 입사를 기다리는 제주항공 승무원 훈련생 입사 대기자 24명 역시 흔들리지 않을 수 없는 시기를 보내고 있는 만큼 여러모로 고심이 깊어지고 있다는 것을 알 수 있었습니다. 그러나 이 과정 역시 아무에게나 주어지지 않는, 다시 말해 입사를 대기할 수 있는 자격조차 부여받지 못한 수많은 탈락자가 존재하는 채용에서 합격한 위치에 있는 만큼 어쩌면 입사 후 돌이켜봤을 때 다시는 쉽게 주어지지 않을 소중한 경험을 하거나 부족했던 부분에서 실력을 쌓기 위해 노력해 볼 수 있는 시간이 주어졌다고 생각한다면 이 시간은 고통이 아닌 기회가 될 수도 있으리라 생각합니다.

합격을 위해 숨 가쁘게 달려온 시간을 다시금 돌아보며 입사 전 스스로 성장할 수 있는 알찬 시간을 보냄과 동시에 본인과 같이 중요한 갈림길에 서 있는 제주항공이 앞으로 나아가는 방향과 추세를 꾸준히 따라가 단기적인 미래에 몸담게 될 기업에 대해 다소 막연했던 시절에 접한 조금 더 깊이 있는 기업 분석이 입사 후 인턴 승무원의 위치에서 할 수 있는 영역에 도움을 받는 인재로서 거듭날 수 있는 시기가 하루빨리 당도하기를 바랍니다.

제주항공 승무원을 꿈꾸는 지원자 역시 예상치 못한 시장상황으로 인해 면접을 준비하면서 세웠던 계획에 분명 큰 차질을 빚었을 것으로 보이나 현재 눈앞에 닥친 악재는 나에게만 일어난 일이 아닌 나와 같은 위치에 있던 모든 지원자에게 공통되게 적용되는 문제인 만큼 공백기를 얼마나 깊이 있게 채우느냐에 따라 채용 재개 후 마주할 기회에서도 그 결과는 충분히 달라질 수밖에 없음을 참고하여 준비를 이어가기 바랍니다.

2020년 유일했던
국내 승무원 채용의 결과는?

최종 합격의 시기가 감염병 확산과 맞물리며 입사가 지연되는 일부 사례와 달리 2020년 상반기를 기점으로 폭발적인 확산세를 보이며 항공사의 존폐 위기 역시 도마 위에 올랐던 시기에 승무원 채용을 강행한 곳도 있었습니다. 그중 가장 먼저 얘기할 곳은 에어프레미아입니다. 현직 승무원조차 조금은 생소할 수 있는 항공사입니다만, 1기 승무원을 뽑는 채용임을 고려해 본다면 적지 않은 인원을 채용했죠.

HSC, 즉 Hybrid Service Carrier로 분류되는 조금은 생소한 이 신조어는 가격이냐 서비스냐를 고민하는 다시 말해 돈을 조금 더 주더라도 질 높은 서비스를 받을 것인지 혹은 서비스적인 부분은 조금 포기하더라도 합리적인 가격을 선택할 것인지를 놓고 FSC와 LCC 항공사를 저울질하는 승객을 위해 중간점을 제시하는 항공사를 뜻합니다. 수십

년간 항공사업 모델을 독점했던 FSC를 시작으로 초기 등장 후 20년이 넘는 시간 동안 기존 항공사를 견제할 만큼 충분히 성장하여 자리 잡은 LCC라는 사업 모델 역시 시간이 지남에 따라 각기 다른 소비자의 불만이 쌓였고, 양쪽이 서로 다른 면에서 가진 단점을 줄이고 장점만을 결합하였다고 주장하는 전 세계 소수의 HSC 항공사 중 한 곳이 바로 에어프레미아입니다.

FSC 항공사 간의 경쟁이 치열해지면서 다양한 선택권이 주어진 소비자의 마음을 사로잡기 위해 경쟁하듯 더 많은 서비스를 새롭게 추가하기 바빴던 시장 내 불필요한 서비스를 없애고 저렴한 가격에 항공권을 판매하는 전략을 가진 저비용 항공사의 등장 역시 지금과는 달리 안전하지 않다거나 다소 싼 이미지로 인해 소외되기도 했던 것처럼 HSC 항공사가 등장하는 최근 몇 년간의 움직임을 본다면 또 하나의 안정적인 사업 모델로서 자리 잡을 수 있을지는 조금 더 지켜봐야 할 듯합니다.

물론 코로나19 확산 사태가 지구상에 발생하지 않았다면 에어프레미아를 비롯하여 다른 HSC 외항사 역시 틈새시장 속 성장을 이뤄내어 조금 더 빠르게 자리 잡았을지도 모릅니다만, 여전히 결과론적인 사고로 본다면 현재로선 무의미한 상상인 만큼 현재 주어진 시장상황에 맞게 이들이 어떠한 결과를 보일지에 대해 주목해야 할 듯합니다.

2020년 1월을 기점으로 일부 언론사와의 인터뷰를 통해 상반기 중 100명 이상의 신입 그리고 경력직 승무원 채용에 나설 것임을 밝히며 사실상 모든 채용이 자취를 감추며 침체하기 시작한 채용시장에 작은 불씨를 살려두었던 것으로 기억합니다. 실제로 가능하지 않을 것이라 여겼던 채용은 3월에 발표되었고 비대면이 강조되기 시작했던 시기인 만큼 면접 역시 전형별로 충분한 기간을 두거나 온라인을 통한 화상 면접을 진행하는 등 전과 다른 과정을 겪기도 했죠.

채용방식 역시 당시 시국에 영향을 받은 것일 수도 있지만 신규 사업자인 만큼 기존 항공사와는 다르다는 것을 보이기 위해 서류 전형에서 기존 항공사의 일반적인 방식과는 달리 손글씨로 자소서를 써야 했고 영상으로 자기소개를 유튜브에 비공개로 올려 심사받는 방식을 제시했습니다.

물론 이전에도 국내 항공사와 일부 외항사에서 승무원을 채용하는 과정에 영상 전형을 제시하는 등 기득권이 달라져야 한다는 목소리에 화답하는 듯한 행동을 취하기도 했으나 흐지부지 무산되거나 역사 속으로 사라진 면접 전형이 되기도 했던 만큼 에어프레미아가 시장에서 안정적으로 살아남아 또다시 채용을 진행하는 과정에서 그들이 1기 채용 당시 보였던 방식의 맥락을 이어나갈 수 있을지는 지켜봐야 할 듯합니다.

새로운 방식이자 그들 역시 에어프레미아라는 항공사의 이름을 걸고 진행한 첫 채용이었던 만큼 불만 섞인 목소리, 즉 잡음이 없지 않았기 때문이죠. 채용 가뭄 속 한 줄기 희망처럼 나타난 채용이었던 만큼 신생 항공사가 받을 수 있는 수준에서의 관심을 훌쩍 뛰어넘은 관심은 지원자 수로도 증명할 수 있었고, 에어프레미아 역시 건재함을 보이기 위해 강행했던 채용이 진행됨에 따라 시장상황은 악화되며 최종 면접까지 걸린 소요시간은 물론이고 이후 합격자를 발표하기까지도 애초 예상했던 것보다 훨씬 늦어졌습니다. 그 후 그 어떤 채용보다 더 힘든 과정을 거쳐 최종합격을 마주한 신입 그리고 경력직 승무원은 일부가 입사하여 연성대학교 항공서비스학과와의 협력을 통해 교육을 진행하는 듯했으나 2020년 10월 결국 항공기 도입조차 기약 없이 지연되며 고정비용 지출을 줄이기 위해 일부 직원을 대상으로 무급휴직을 발표하게 됩니다.

에어프레미아를 통해 공식적으로 공개된 것은 10월 한 달간 일시적인 무급휴직입니다만, 앞으로 항공기가 국내로 인도되어 공항에 계류될 상황에서 조금 더 고정비가 늘어날 수밖에 없는 만큼 AOC 발급 지연에 대한 문제와 항공수요에 대한 상황 그리고 AOC 발급이 무리 없이 이뤄진 시점에서 신규 노선 개발에 대한 문제, 추가 투자금 확보 등이 단기간에 해결될 수 없다면 추가적인 무급휴직 진행은 불가피하다는 것이 부정할 수 없는 사실이죠.

기존 항공사에 닥친 현실이 언론을 통해 공개되며 신생 항공사에 대한 허가 남발이 논란이 되는 만큼 누구보다 더 어려운 시간을 보내는 것으로 보이지만, 여전히 포스트 코로나에 항공수요 회복을 전제로 비라본 에어프레미아는 오랫동안 FSC와 LCC라는 두 가지 종류로만 나눠진 여객 항공기 산업에 새로운 대안이자 자극제가 되어줄 것으로 보이는 HSC 항공사이기 때문에 하나의 항공사로 시장에 살아남아 고인 물로도 볼 수 있는 기존 항공사의 사이에서 새로운 자극제이자 시장과 항공 생태계에 긍정적인 방향으로의 파괴자가 될 수 있을지 지켜봐야 할 듯합니다.

채용시장이 아닌 소비자의 관점에서 국내 항공시장에 새롭게 등장한 에어프레미아에 대한 평가는 극명하게 갈린다는 것을 알 수 있습니다. 대한항공의 아시아나항공 인수합병에 대한 절차가 진행되는 만큼 아시아나항공의 부재로 인해 발생한 중장거리 노선 수요를 흡수할 수 있을 것이란 전망과 함께 시장상황 및 기체 도입 등이 늦어짐에 따라 이미 체력을 많이 소진했기 때문에 경쟁력이 떨어질 수밖에 없다는 의견 역시 건재한 상황입니다.

그런데도 2020년 12월 19일에 발표된 에어프랑스의 자회사이자 정비업체인 AFI KLM E&M과 항공기 수리 등에 대한 계약을 맺었다는 소식을 통해 중장기적인 관점에서 본다면 유럽 노선을 공략할 수 있는 발판을 마련하는 행보일 수도 있다는 평가가 나오는 것은 물론 항공 일자리 취업센터와 진행한 에어프레미아 임원과의 인터뷰를 통해 알 수 있듯 성공적인 취항을 위해 다양한 방면에서 전략을 구축하고 객실 승무원 채용 역시 추후 항공기 도입에 맞춰 진행될 것임을 밝히고 있는 만큼 2020년 유일한 국내 항공사 승무원 채용을 진행했던 타이틀에 이어 2021년 역시 채용을 기대해 볼 수 있을 만한 여지가 일부 확인되는 시점이 아닐까 싶습니다.

물론 급한 마음에 어디든 가야 한다는 생각을 바탕으로 미래가 보장되지 않는 항공사로의 지원과 입사는 충분한 고심이 필요합니다만, 여전히 이들이 보이는 시장으로의 진입과 안정적인 성장을 위한 노력을 꾸준히 확인할 수 있는 내용이 공개되고 있는 만큼 긍정적인 행보를 조금 더 기대해 봐야 할 듯합니다.

틈새시장 노린 야심 찬 시작!
그 끝은 빈집털이?

그러나 여전히 에어프레미아와 같은 신생 항공사에 희망을 내비치는 목소리도 존재합니다. 대한항공의 아시아나항공 인수합병이 진행되는 과정 속에서 경영권 분쟁을 바탕으로 제삼자 배정 유상증자 방식에 대해 한진그룹과 산업은행을 대상으로 한 가처분 신청이 기각으로 발표된 후 합병절차는 속도를 내고 있으며, 이와 관련한 움직임은 국내 FSC 항공시장의 개편 방향과도 크게 연관이 있어서 여러 관심이 쏠리고 있죠.

특히나 두 항공사의 합병에 연관된 관련 주식 역시 작은 움직임에 대한 보도에도 숫자가 요동치는 것만 보더라도 어느 정도의 관심이 쏠리는지를 이해할 수 있을 듯합니다. 국내 양대 FSC 항공사의 미래는 결국 더 나아가 국내 전체 항공사의 판도가 달라질 수 있는 내용임은 부정할 수 없는 만큼 국내는 물론 주변 국가 및 전 세계 항공시장 내 주요 외국 항공사 내에서도 이를 예의주시하는 것으로 전해집니다.

물론 현재 국내 항공시장에서 일어나는 인수합병이나 구조조정과 같은 움직임은 국내에만 국한된 현상은 아닌 듯합니다. 항공수요의 증발은 물론 이에 대한 정상 회복까지 최소 2년 이상의 시간을 예상하는 주요 기관과 전문가의 의견이 쏟아짐에 따라 초기의 예상처럼 사태가 장기화하자 이를 견디지 못한 일부 항공사의 파산은 물론이고 대부분의 항공사에서 구조조정이 이뤄졌거나 현재 진행 중입니다.

사실상 무급휴직은 모든 항공사의 필수과정으로 전락해 버렸습니다. 이스타 항공을 제외하면 대규모 구조조정이 이뤄진 단계는 아니기에 비교적 인력 손실에 있어 안정적이라 볼 수 있는 국내 항공사 역시 2020년 11월을 시작으로 정부 지원금이 끊기는 등 상황이 악화되는 것도 사실이긴 합니다.

물론 2021년 상반기 중으로 다시금 지원금을 받을 수 있는 조건이 충족된다는 것을 일부 항공사는 밝히고 있습니다. 이러한 항공사의 파산과 구조조정에 대한 소식이 연일 쏟아지는 상황에서 어떻게 에어프레미아와 같은 신생 항공사에 희망적인 전망을 할 수 있을지에 대한 의문을 가질 수 있으리라 생각합니다.

그러나 지금과 같이 악화된 시장상황 속에서도 기본적인 흐름과는 반대의 행보를 보이는 곳도 여전히 존재한다는 것이죠. 감염병 확산이 본격화되기 직전 첫 비행에 성공한 플라이강원을 비롯하여 추가로

2곳의 신생 항공사가 첫 취항을 위해 준비 중인 국내시장은 물론이고 이외에도 전 세계 여러 장소에서 신생 항공사의 출범이 이어지는 상황입니다.

기존 사업자 역시 부채 증가로 인한 파산, 규모 축소 등이 이뤄지는 것은 물론 정상 회복조차 불투명한 상황에서 신생 항공사의 탄생 혹은 이들이 비행하기 위해 여러 준비를 하는 소식을 마주한 누군가는 부정적인 판단을 하는 예도 있습니다. 현재로선 부정적인 여론이 더욱 압도적이긴 합니다. 그러나 그들의 출범과 신규 취항에 대해 비판의 목소리를 높일 수 없는 이유는 적어도 이들의 출범은 2019년 하반기를 기점으로 시작된 감염병 확산사태 전이었기 때문입니다.

모든 신규 항공사가 2019년 하반기 전에 출범했거나 사업을 계획했다고 볼 수는 없으나 대부분은 그렇다고 볼 수 있죠. 그런데도 여전히 일각에서는 기존 사업자 역시 제대로 된 운영이 어려운 상황에서 뻔히 보이는 결과를 가진 불구덩이 속으로 들어가는 것과 다름없다고 평가하곤 합니다.

항공수요가 증발한 상황 속에서 이 역시 부정할 수 없는 사실입니다만, 또 다른 방향에서 본다면 도태된 혹은 현재 주어진 악조건 속에서 파산 혹은 축소되어 경쟁력을 잃은 항공사가 존재하는 상황에서 포스트 코로나 시대에 회복될 수요를 생각한다면 빈자리가 존재할 수밖에 없는 만큼 이를 메꿈과 동시에 시장에 경쟁력을 갖춘 항공사로 새롭게 뿌리내릴 수 있다는 점 역시 생각해 볼 수 있는 포인트가 아닐까 싶습니다.

　첫 취항을 앞둔 전 세계 여러 신생 항공사 모두 각자의 사정에 따라 진행단계에 차이를 보이는 상황에서 국내 항공사와 같이 최종 단계로 볼 수 있는 AOC, 운항 증명 발급을 앞두고 있거나 이미 모든 준비를 마친 뒤 항공기를 인도받아 첫 비행 스케줄을 기다리는 경우도 존재합니다. 물론 이제 막 출범하여 사업을 꾸려가는 곳도 존재하죠.

　이 중 최근 소식을 쏟아낸 파키스탄 출신의 에어시알이 있습니다. 파키스탄 북동부에 있는 시알코트를 허브로 두는 만큼 항공사 이름 역시 에어시알인 것으로 추측할 수 있습니다. 최근 주력 항공기로 결정한 A320을 인도받은 뒤 첫 비행을 앞두고 있죠. 국내의 신생 항공사가 그러하듯 그들 역시 국내선 운영을 시작으로 가까운 미래에 5대의 기체를 도입한 뒤 국제선 운영까지를 목표로 하고 있습니다.

　항공청이 소속된 나라마다 조금씩 규정이 다릅니다만, 신생 항공사의 경우 일정 시간 혹은 기간 이상의 국내선 비행 경험이 쌓인 뒤 국제선 운행이 가능한 것이 일반적이죠. 추가로 Air Sial은 현재 초기에 계획했던 시기와 달리 여러 사유를 바탕으로 본격적인 시장 진출의 시기가 늦어지며 2020년 안으로 첫 비행에 성공하기 위해 노력한 것으로 전해집니다.

　에어시알 그리고 홍콩의 그레이터 베이 에어라인을 비롯하여 다양한 장소에서 현재 새롭게 출범되거나 계획 중에 있는 여러 항공사와 함께 국내시장 역시 틈새시장을 공략하겠다는 목표를 내걸고 출범했으나 예상치 못한 시장 변화로 인해 생긴 빈집을 노려야 할는지도 모를 상황이 돼버린 신생 항공사가 있죠. 그중 한 곳으로 에어프레미아를 꼽을 수 있을 듯합니다.

에어프레미아는 인천공항을 허브로 두고 중장거리 노선을 공략하기 위해 출범했습니다. B787 도입을 발표한 뒤 기존 계획대로라면 이미 국내로의 인도가 완료되어야 했으나 일부 사정 때문에 도입이 지연됨은 물론 결함과 관련하여 미국 당국의 해당 기종 품질검사가 진행되며 2021년 상반기 중 1호기의 인도가 진행될 것이란 전망입니다. 현재 3호기가 조립되는 단계까지 와있는 만큼 운항 증명을 포함하여 계획이 차질없이 진행됐다면 이미 첫 비행을 했을지도 모른다는 안타까움이 따르긴 합니다만 여전히 현재 시장상황이 악화하여 항공수요가 증발한 것은 물론 장거리 운항 역시 봉쇄령 등에 의해 운영이 유동적인 만큼 현재로선 앞으로 남아 있는 여러 단계에 대한 전망 역시 불투명한 상황이죠. 그런데도 여전히 남아 있는 단계가 가까운 미래에 차질없이 진행될 수 있다면 3호기까지의 도입에 이어 2024년까지 총 10대의 항공기 운용을 목표로 하고 있다는 것을 주목해야 할 듯합니다. 물론 이역시 항공수요 회복까지 수년이 소요될 수밖에 없는 만큼 사업계획 변경 역시 불가피할 듯합니다.

최근 먼저 비행에 나선 플라이강원에서 자체적으로 새롭게 변경된 사업계획을 발표한 것과 같이 추후 에어프레미아와 에어로케이 역시 비슷한 행동을 취할 것이라 판단됩니다. 새로운 투자자 확보는 물론이고 기존 투자자의 등 돌림을 막기 위한 노력이 필요하기 때문입니다.

　　새롭게 시장에 뛰어든 혹은 뛰어들기 위한 만반의 준비가 된 신생 항공사의 등장은 여전히 부정적인 여론이 우세합니다만, 여전히 시장의 논리에 의해 누군가는 도태되거나 기간산업이라는 명목하에 정부의 도움을 바탕으로 도태되지 않더라도 시장 판도의 변화를 피해갈 수 없는 만큼 여러모로 2~3년 내에 여러 개편이 있을 것으로 판단됩니다. 그러므로 자연스레 신생 항공사 역시 그 어느 때보다 산업의 구조는 물론 항공시장의 판도 역시 빠르게 변화하는 시기 속에서 초기에 그들이 계획했던 전략과 방향을 바탕으로 현 상황에 맞는 새로운 대안이 추가되어야 할 시기일 수 있음을 강조하며 항공사에 속한 객실 승무원이 되기 위해 면접을 준비하는 처지에 있는 분들 역시 마찬가지로 빠른 변화에 부응하기 위한 공부를 소홀히 할 수 없는 시점이라는 것을 다시 한번 강조합니다.

코로나 시대!
엄격해지는 승무원 규정

유니폼을 입고 기내에서 승객을 마주하며 편안한 여행을 위한 응대와 한정된 공간에서 발생할 수 있는 안전사고는 물론 만일의 사태에 대응하기 위해 탑승하는 승무원은 업무의 특성상 여러 규정의 제약을 받는 직업 중 하나로 볼 수 있습니다. 물론 각각의 직업은 업무의 특성과 근무환경, 속한 기업 간의 차이 등에 의해 규정의 정도는 달라질 수밖에 없습니다만 대부분의 직업이 사실상 각자의 조건에 맞는 근무상 규정을 지키며 일해야 하는 것은 사실이죠.

그런데도 여전히 순항 중에 일어나는 다양한 사건·사고를 해결해야 하는 목적을 가지고 기내에 탑승하는 승무원이라는 직업은 더더욱 복잡한 규정 속에 통제받는 직업이라 생각합니다.

특히나 이러한 규정은 출근 시의 복장, 태도 등을 기본으로 일부

치안이 열악한 국가의 도시에서는 대중교통을 이용한 출근을 제한하는 규정을 두기도 합니다.

출근 후 회사 내에서의 규정은 물론이고 공항 이동 시부터 비행기에 탑승하여 착륙 후 도착지 공항에서 호텔로 이동하는 과정에도 여러 규정은 존재하죠. 호텔 내에서 생활하며 지켜야 하는 호텔 자체의 규정 역시 기본적으로 지켜야 합니다만, 회사 내에서 정한 규정에 따라 호텔 생활 중에 지켜야 하는 규정 역시 존재하는 직업이라는 것을 기억해야 합니다.

돌아가는 비행 스케줄 전에 주어진 자유시간, 즉 도착지에서 체류하는 동안에도 이동 가능한 거리와 시간, 장소 등이 엄격하게 제한됩니다. 제한된 규정 속에서 행동하더라도 숙소를 이탈하는 행위는 철저한 보고체계 속에서 이루어지게 되죠. 물론 자국을 벗어나 타국에서 다음 일정을 소화하기 전 휴식을 취하며 일어날 수 있는 만일의 사태에 대비하기 위한 규정이라 볼 수 있습니다.

개개인의 안전을 지켜내기 위한 이유는 물론 더 나아가 돌아가는 비행을 무사히 마치는 데 필요한 인력을 보호하기 위한 규정으로 이해할 수 있습니다. 특히나 타국 체류 시 규정을 지키는 것이 이 직업에서 얼마나 중요한지에 대해 싱가포르를 향했던 네덜란드 항공의 아웃바운드 비행 후 규정을 어겨 남자 승무원이 체포된 사건을 통해 알 수 있을 듯합니다. 먼저 기억해야 할 것은 이번 KLM 남자 승무원이 체포된 원인으로 작용한 규정은 싱가포르 방역 당국이 정한 것입니다.

항공사 자체의 규정이라 할 수는 없겠지만, 다시 생각해 보면 결국 항공사는 승무원이 입국하여 체류하는 타국에서 정한 방역수칙이자 규정을 따라야 한다는 것을 강조했을 것으로 판단되는 만큼 결국 이는 항공사 규정과 싱가포르 방역 규정을 모두 어긴 것이라 이해할 수 있겠죠. 물론 KLM 네덜란드 항공 승무원을 비롯하여 각자의 도시를 출발하여 아웃바운드 비행 후 싱가포르에 도착한 뒤 일정기간을 다음 비행 전에 불가피하게 국외에서 체류해야 하는 승무원에게 주어진 규정은 엄격한 편이란 의견이 지배적입니다.

　　개개인에게 배정된 호텔 방을 절대 나갈 수 없다는 것이죠. 특히나 싱가포르로 향하는 비행 스케줄을 앞둔 승무원은 COVID-19 검사 후 음성을 입증하기 위한 서류를 제출한 뒤 입국해야 하며, 호텔로 이동한 후에도 음식 섭취나 퇴실이 아니라면 호텔 방을 나갈 수 없는 규정을 제시하고 있죠. 11월 체포되어 12월까지 풀려나지 못한 것으로 보이는 KLM 스튜어드는 이를 어기고 호텔 로비를 배회하던 중 체포되었다고 전해집니다. 호텔 방에서만 머물러야 하는 규정을 어기고 로비를 배회했던 이유 역시 알려진 바가 없는 불투명한 상황임과 동시에 KLM 본사 역시 이번 사건에 대해 모든 언급을 피하고 있다는 것을 통해 실제 규정을 어긴 이유 자체가 회사 측에 유리한 이유는 아닐 것이란 분석입니다.

　　일부 동남아 국가는 비교적 열악한 의료 시스템이지만 가까운 미래에 이에 대한 투자와 충분한 설비를 확충해 나갈 수 없다는 것을 알기 때문에 원인을 차단하고 예방하기 위해 국외 입국자를 제한하는 규정에 조금 더 엄격한 것으로 보입니다.

체류 시 승무원이 지켜야 할 항공사의 자체 규정은 물론 감염병 확산으로 말미암은 우려가 깊어진 시기인 만큼 국외 체류 중 각국에서 외국인 승무원에게 적용하는 새로운 방역규정 역시 자유가 일부 제한되며 어려움이 따를 수밖에 없습니다만, 철저히 따라야 할 필요성은 충분하리라 판단됩니다.

KLM 남자 승무원이 체포된 이번 사건을 통해 스튜어드는 물론 스튜어디스 준비를 하는 분이라면 분명 조금은 막연해 보일 수 있는 이 직업에 대하여 작은 부분이나마 그들이 어떠한 근무환경과 분위기 그리고 규정 속에서 일하는지를 엿볼 수 있는 기회가 될 것이라 생각합니다.

일부 외국 항공사로의 지원을 선호하거나 계획하여 준비하는 분들은 국내 채용시장에서 유독 더 굳어진 국내 항공사와 외항사의 전체적인 모델을 바라보는 인식 차이 때문에 외항사는 모든 것에서 벗어나고 유연할 것이라 착각하곤 합니다. 너무나 안타깝게도 이는 잘못된 정보의 재생산이 만들어낸 오류 중 하나로 근무환경에서 동료 승무원 간의 분위기가 다소 자유롭고 편할 것이라는 의견일 뿐 직무를 함에 있어 이 직업에서 요구되는 규정에서 벗어날 수는 없음을 이해하기 바랍니다.

추가로 분명 그들은 세계 곳곳을 비행하며 짧게나마 주어진 체류 시간을 활용하여 공짜 아닌 공짜 여행을 하는 모습이 외부에 비치며 자유를 만끽하는 듯 착각을 불러일으킬 수 있습니다만, 여전히 집을 나서는 순간부터 국외 체류를 마치고 귀국하여 다시금 집으로 들어가는 그 순간까지 규정 속에서 모든 것이 제한되는 직업이므로 이러한 업무를 정확히 이해하고 이에 필요한 자질을 갖춘 사람을 찾는 것이 승무원 면접이라는 것을 기억하기 바랍니다.

승
무
원 트
2   0   2   1
레
드

승무원의
국내선 악전분투

　　대한항공의 아시아나항공 인수합병 과정을 반대하는 세력이라 볼 수 있는 제삼자 연합의 가처분 신청이 기각되며 합병 진행의 주체 중 한 곳인 한진그룹은 더욱더 속도를 내는 모습입니다. 이러한 시점에서 양대 FSC 항공사의 미래를 걱정 혹은 기대하는 등의 다양한 의견을 가진 분들의 관심이 시장에 쏠리고 있습니다만, 다른 한편에서는 저비용 항공사의 시장 판세에 더 큰 변화가 있을 것이란 전망이 나오고 있습니다. 국내 항공시장에서 10년 새 FSC 항공사를 위협할 만큼 성장했기 때문이죠.

　　제주항공을 선두로 진에어와 티웨이 항공의 숨 가쁜 추격 그리고 일부 지방 공항을 두고 벌이는 치열한 경쟁의 중심에 저비용 항공사가 있습니다. 물론 2020년에 이어 2021년을 맞이하는 현재 시장상황은 점유율 경쟁 등이 아무런 의미가 없을 정도로 항공교통을 이용하는 수요가 충분하지 않은 특수한 상황입니다만, 감염병 확산 전까지의 항공사 상황을 바탕으로 앞으로 포스트 코로나 시대를 맞이함에 따른 예상 점유율을 생각해 본다면 저비용 항공사의 출혈경쟁은 바이러스가 종식되는 시점에서도 이어질 수밖에 없을 듯합니다. 에어부산, 에어서울 그리고 진에어의 통합을 두고 다양한 예측이 쏟아지고 있으며, 통합할 것이라는 발표 이외에 사실상 세부적인 계획이 발표되지 않은 만큼 조금 더 지켜봐야 할 듯합니다만 이미 구체적인 통합이 시작되기도 전에 부산을 거점으로 한 에어부산과 세 곳 중 가장 규모가 크다고 볼 수 있는 진에어와의 힘겨루기가 불가피할 것으로 보이는 움직임이 포착되고 있죠.

부산시와 부산 시민단체 등은 이미 통합에 대한 구체적인 계획이 발표되기 전부터 부산을 중심으로 통합되는 방안 혹은 에어부산의 경우 따로 독단적인 운영을 요구하는 목소리가 나오고 있다는 것을 알 수 있습니다.

대한항공과 아시아나항공의 인수합병과 같이 3곳의 통합 역시 순탄치만은 않을 것으로 보입니다. 최근 긴장감이 흐르는 통합 3사의 중심에 있는 에어부산은 지역감염에 대한 우려가 나오기 시작한 2020년 상반기부터 부산을 거점으로 한 항공사인 만큼 국제선은 물론 국내선에 대해서도 철저한 방역활동을 해왔던 것으로 보입니다. 특히나 에어부산은 2020년 12월 제3차 대유행이라고도 불릴 만큼 전국 1,000명대의 확진자에 대한 발표가 연일 이어지며 수도권 거리 두기 2.5단계에 대한 시행이 부산으로도 확산되었기 때문에 국제선 비행 중에만 고글을 착용했던 객실 승무원에게 국내선에서도 착용할 것을 지시했습니다.

뉴노멀 시대를 일찌감치 맞이한 곳 중 한 곳이 바로 항공사일 것이고 항공사에 속한 여러 직군 중 가장 빨리 기내 방역에 대한 새로운 규정과 절차를 접하는 항공 승무원의 경우 과거와 달리 공항과 기내에 대한 방역 및 철저한 위생 유지를 위해 추가된 업무절차로 고충을 겪는 것도 사실이죠. 항공사마다 조금씩 차이는 있습니다만, 고글, 장갑, 방역복 등을 유니폼 위에 착용한다는 것만으로도 이미 업무의 강도가 올라갑니다.

겉으로 보기엔 전문적으로 보이거나 멋있다고 생각할 수 있는 유니폼은 사실 매우 불편하거나 행동에 제약이 생길 수밖에 없는 소재와 형태를 하고 있기 때문이죠. 유니폼만으로도 편하지 않은 상황에서 방역을 위한 복장까지 추가로 갖춘 채 전에 없던 조금 더 복잡한 비행업무 절차가 추가됨에 따라 전체적으로 업무에 대한 피로도는 올라갈 수밖에 없을 듯합니다. 그런데도 여전히 고통을 감내하는 단계를 넘어 적응할 수밖에 없는 이유는 확실합니다. 이들의 노력은 결국 기내 감염에 대한 우려를 줄이고 실제 기내에서 발생할 수 있는 감염의 차단에 기여할 것이고 더 나아가 앞으로 항공사가 포스트 코로나 시대를 맞이하는 과정에서 수요 회복을 위해 가장 중요한 부분이기 때문입니다. 따라서 다소 힘든 시간일 수 있으나 모든 것이 100% 유행 전 시절로 돌아갈 수 없는 만큼 뉴노멀 비행에 적응하기 위해 이러한 고충을 견뎌내야 함은 물론 항공사 역시 항공 승무원의 업무 고충을 이해하고 필요한 지원을 이어가야 할 것으로 보입니다.

국제선에 비해 다소 안일하게 생각할 수 있는 국내선 비행 중에도 여전히 감염병 확산을 방지하기 위한 정책 중 하나로 고글 착용을 지시한 에어부산의 새로운 정책이 토대가 되어 국내선부터 수요 회복이 일어나 바이러스 확산세가 전 세계적으로 줄어드는 속도에 맞춰 전체 수요 역시 이른 시일 내에 회복될 수 있기를 바랍니다.

소형 항공사 채용의 희망!
하이에어의 근황

    승객 혹은 화물을 싣고 도착지까지 운송하여 이익을 창출하는 구조의 모든 항공사를 운영함에 있어 가장 중요한 부분이자 핵심일 수밖에 없는 자산은 항공기입니다. 물론 미래에는 사람을 대체할 수 있는 무인기술이 세상을 지배하는 시대가 올지 알 수 없습니다만, 여전히 현대 그리고 가까운 미래만을 놓고 본다면 항공기를 이용하여 사업해 나가는 모든 과정에 필요한 인력들이 존재하는 만큼 항공기만으로 이윤 창출이 가능하다고는 볼 수 없죠. 특히나 항공사업의 핵심도구로 볼 수 있는 항공기조차 사람의 손으로 만드는 만큼 항공기를 이용하여 수익을 창출하는 항공사 역시 다양한 도구와 사람의 힘을 중심으로 이윤을 창출한다고 이해할 수 있습니다.

    항공기뿐만이 아닌 사람을 포함한 다양한 도구를 바탕으로 운송

사업을 해나가는 항공사임에도 여전히 항공기가 가장 중요한 부분일 수밖에 없는 것 역시 부정할 수 없을 듯합니다. 그러다 보니 항공 관련 시장에 종사하기 위해 면접을 준비하는 사람은 물론이고, 관련 채용을 준비하거나 항공 관련 분야에 관심을 가진 사람이라면 자연스레 항공기에 관해서도 관심을 가질 수밖에 없을 듯합니다. 물론 면접을 준비하는 과정에서 객실 승무원이라는 직업은 항공 종사자라는 그룹에 속한, 다시 말해 항공사에 속한 수많은 직업 중 하나입니다만, 항공기에 탑승하여 일한다는 특징과는 달리 항공기에 대한 지식을 면접에서 요구하지는 않는 것이 일반적입니다.

항공기와 관련한 지식 혹은 정보 중 기내에서 근무하는 데 필요한 내용은 입사 후 교육을 통해 모두 습득하기 때문이 아닐까 싶습니다. 항공기에 대한 지식을 갖췄다고 해도 면접에서 보여줄 수 있는 기회가 없을뿐더러 보여줄 수 있다 해도 합격 후 교육과정에서 모두 습득할 수 있는 만큼 면접에서 가산점을 얻을 수는 없습니다. 그런데도 앞으로 종사하고자 하는 직업의 근무환경이자 밀접하게 관련된 항공기에 대한 지식과 정보를 안다는 것은 교육 중이나 교육 후 실무에 투입되어 실제 업무를 하는 과정에서 어떠한 방식으로든 조금이나마 도움이 될 수 있는 만큼 관련된 정보를 습득하기 위해 큰 노력을 하지는 않더라도 스스로 배척할 필요는 없을 것이라 주장합니다.

이와 관련하여 2025년 개항을 목표로 한 울릉공항의 착공소식을 통해 하이에어에서 운영 중인 ATR사의 항공기를 주목할 수 있을 듯합니다. 국내에서는 현재 유일하게 소형 항공기를 이용해 사업을 이어가는 소형 항공사로 볼 수 있기 때문입니다. 참고로 하이에어가 보유한 ATR 72는 유럽연합의 항공기 제작회사 에어버스와 방위산업체인 이탈리아의 레오나르도에서 함께 지분을 보유한 ATR사에서 제작한 기종입니다.

전 세계 여러 항공사에서 단거리에 작은 공항으로 이동하는 용도로 도입하여 사용하는 것이 일반적입니다. 2025년 개항을 목표로 하는 울릉공항은 오래전부터 논의되었으나 여러 난관에 부딪히며 실행되기까지 오랜 시간이 걸렸던 것으로 보입니다. 바다의 일부가 매립되어 건설되는 만큼 실제 이착륙이 가능한 항공기는 50인승 소형 항공기이며, 현재 그 역할을 할 수 있는 여객기를 보유한 민간 항공사는 하이에어가 유일하죠.

군용이 아닌 민간 여객 수송을 목적으로 운영이 가능한 항공사로 하이에어가 현재 꼽히는 것과는 달리 사실상 울릉공항을 목표로 혹은 직접적인 목표로 삼지 않았더라도 소형 항공기를 이용하여 사업을 시작하여 규모를 확장하기 위한 계획하에 울릉공항을 주목했던 곳은 에어포항, 에어필립 등 역사 속으로 이미 사라진 몇 군데의 항공사가 더 존재했던 것이 사실입니다. 소형 항공사업을 꾸준히 이어가기에 다소 열악한 조건을 가진 것으로 평가받는 국내시장임에도 불구하고 각자 나름의 여러 주장을 내세우며 조금씩 다른 사업전략을 바탕으로 하여 위기론 속에서도 일정 기간 이상 운영을 이어간 곳도 극소수 있었지만 결국에는 많은 여론의 예상과 같이 역사 속으로 사라진 항공사 중 한 곳으로 기록을 남기게 되었죠.

사실상 현재 국내시장에서 유일한 소형 여객 항공사로 볼 수 있는 하이에어 역시 감염병 확산 전후로 업계 관계자와 언론 등을 통해 위기론이 제기되는 것도 사실인 만큼 동절기 스케줄 발표가 늦어진 것을 바탕으로 여러 부정적인 주장에 힘이 실리고 있습니다. 그런데도 노신이 겹침에 따라 기존 제트기를 보유한 항공사들의 가격 공세의 영향 속에서도 소형 항공사만의 장점을 최대한 활용하려는 등의 노력을 하고 있습니다.

자본주의 경쟁사회에서 이는 당연한 이치로 볼 수 있습니다만, 하이에어 출범 이후 이들과 겹치는 노선을 운영하는 기존 항공사의 급격한 가격하락 추이만 보더라도 규모의 경제를 바탕으로 한 공격 아닌 공격이 느껴진다는 점은 다양한 형태의 항공사가 성장하여 시장에서 자리 잡길 바라는 입장에서 안타까운 것이 사실입니다. 소형 항공기를 이용한 항공사와 반대의 항공사가 할 수 있는 그리고 나아갈 수 있는 방향이 조금은 차이가 있다고 보기 때문이죠. 물론 이 부분은 어디까지나 개인적인 주장이 반영된 것으로 자본주의 사회 속 선의의 경쟁을 바탕으로 당연할 수밖에 없는 흐름이라 생각합니다.

그러나 하이에어만이 할 수 있고 갈 수 있는 영역에서 빛을 발할 수 있는 시간이 오길 바랄 뿐입니다. 주변에서 들었던 실제 탑승 후기만을 참고하더라도 충분한 가능성을 가진 것이 분명해 보이기 때문입니다. 특히나 사라진 소형 항공사가 대부분 그랬지만 이들 역시 직접 내세우는 주장과 같이 서울과 울릉공항을 항공기로 연결하여 1시간 내로 울릉도를 여행할 수 있게 하여 새로운 수익 창출을 독점할 기회가 미래에 보장된 만큼 당장 가까운 시일에 실현 가능한 것은 아닙니다만, 남은 수년의 시간 동안 소형 항공사 위기론이란 꼬리표를 떼기 위한 충분한 성장을 이뤄내는 데 필요한 시간을 보내야 할 것으로 보입니다. 물론 지금 당장 하이에어의 존폐 위기가 항상 꼬리표처럼 따라다님과 동시에 출혈경쟁이 불가피한, 다시 말해 감염병 확산 속 수요 증발 상황이란 악재까지 끝없이 지속되는 시기임은 물론 비교적 최근의 이러한 위기 속에서도 극소수의 경력직 승무원을 채용했던 만큼 추가적인 신입 승무원 채용은 더더욱 단기적인 미래에 불가능한 것이 사실인 만큼 진행될 가능성은 낮기 때문에 기대심리를 가지는 것은 무의미합니다만, 고군분투를 이어가는 국내 소형 항공사의 존재와 울릉공항 개항을 바탕으로 미래의 가능성 등을 짐작할 수 있다는 것은 분명해 보인다는 점을 참고하기 바랍니다.

승 무 원 트 렌 드

2 0 2 1

세계 최고의 LCC!
사업 철수에 지분 감소까지

동남아시아를 넘어 동북아시아, 중동 그리고 호주 등 저비용 항공사라는 구분이 주는 기대 규모가 무색할 정도로 전 세계 다양한 국가와 도시로의 노선을 운영 중인 에어아시아 그룹은 현재 본사인 에어아시아 말레이시아를 시작으로 인도네시아, 필리핀, 태국 등 동남아시아의 주요 도시와 이미 시장에서 철수를 시작한 일본에 베이스를 두고 운영합니다. 동남아시아를 넘어 동북아시아로의 시장 확대는 사실상 에어아시아의 몇몇 주요 노선 중 한국과 중국 그리고 일본이 차지하는 비중이 높기 때문에 당연할 수밖에 없는 선택이었을 것으로 보입니다.

일본은 물론 한국과 중국에서도 은밀하게 진출을 위한 신사업 계획을 세우고 있었을 것이라 판단됩니다. 하지만 동북아시아 국가 중 가장 먼저 법인을 두고 정식으로 진출한 일본에서 2020년 11월 사업 철수를 알리는 보도를 통해 알 수 있듯 나고야를 베이스로 뿌리내린 에어아시아 재팬은 역사 속으로 사라지기 위한 순서를 밟게 되었죠. 이 소식이 감염병 확산으로 항공수요가 줄며 파산하게 된 다른 항공사의 비보보다 더 안타까울 수밖에 없는 것은 에어아시아가 한국인 승무원 채용 친화기업이라는 점뿐만 아니라 이번 일본 진출이 에어아시아 그룹의 첫 도전이 아니었다는 것을 기억하기 때문입니다.

ANA와의 공동투자로 설립한 첫 에어아시아 재팬은 일본과 한국을 연결하는 한일노선을 취항하기도 했던 만큼 공격적이었으나 동업자 간의 각종 문제에 부딪히며 사업을 철수한 뒤 장시간의 준비기간을 거친 뒤 일본 시장에 재진입하여 나고야를 베이스로 운영해 왔습니다. 나고야 베이스로 재진입한 에어아시아 재팬 역시 한국노선을 예고했던 만큼 일본어 가능자와 취업비자 보유라는 조건이 있었으나 한국인 승무원을 극소수 채용하기도 했습니다. 세계적 기업으로 다양한 국가에 베이스를 두는 만큼 직원을 채용하면서 지원자의 국적에 편견을 가지지 않는 것이 에어아시아에서 내세우는 중요한 객실 승무원 채용기준이 아닐까 싶습니다.

당시 에어아시아 재팬에 채용됐던 한국인 승무원을 비롯하여 일본인 승무원들까지 앞으로의 행방이 알려진 것은 없지만 과거의 경우 에어아시아 그룹 내 특정 근무지가 불가피하게 사업을 접거나 필요 이상의 승무원이 근무하게 되는 경우 타 근무지로의 이동을 제안받았지만, 현재 에어아시아의 모든 베이스에서 운영에 어려움을 겪으며 구조조정을 목적으로 해고가 진행되는 만큼 타 베이스로 소속을 옮기는 것은 어려울 것이라 판단됩니다.

객실 승무원 이외에도 다양한 부서에 있던 직원들은 감염병 확산으로 인해 항공수요가 줄어듦과 동시에 외국 항공사라는 한계 속에서 일본 지방 베이스라는 열악한 조건하에 여러모로 어려움을 겪어왔던 것으로 보입니다. 또한 한국인 승무원이 없는 유일한 에어아시아 그룹 내 자매회사인 에어아시아 인디아는 2014년 최초 설립 당시 에어아시아 그룹과 공동투자하여 지분을 나눈 타타그룹에 최근 에어아시아 대부분의 지분을 내주게 되었습니다.

결국 에어아시아 인디아의 지분 중 에어아시아의 비율은 13%로 전락했으며 87%의 지분을 가진 최대 주주 타타그룹은 사실상 항공사 사명은 유지하되 에어아시아 인디아만의 단독 예약 사이트를 개설하고 승무원 스케줄 확인 등을 위해 사용하는 소프트웨어 프로그램 역시 새롭게 변경할 것이라 예고하고 있죠.

이외에도 고질적인 경영난을 이어가던 에어아시아 엑스 역시 모든 운항이 중단되어 주문 제작과정에 있거나 이미 체결된 선주문 항공기 등과 관련하여 항공기 제작회사인 에어버스사와의 갈등이 시작되는 듯한 모습도 포착되고 있습니다. 이와 같은 운영 악화는 비단 에어아시아만의 문제가 아닙니다. 전 세계적으로 항공시장에 위기가 깊어지는 만큼 국내시장에서도 이미 대규모 구조조정이 이뤄진 곳 그리고 이뤄질 곳 등의 가능성이 거론되는 수준에 와있기에 결코 남의 일로만 느껴지지 않는 게 사실입니다. 특히나 에어아시아는 아시아를 대표하는 최대 규모의 저비용 항공사를 품고 있는 그룹이기 때문에 비록 전체 그룹 내 일부 시장의 철수 및 축소가 이루어진다 해도 현재 시장상황의 위기를 정확히 이해할 수 있는 대표적인 사례가 아닐까 싶습니다.

특히나 진에어를 필두로 국내 3곳의 저비용 항공사가 통합하게 된다면 이들이 에어아시아의 턱밑까지 추격할 수 있는 규모임을 강조하는 것은 물론 언제든 비엣젯항공, 라이온에어, 스쿠트항공 등 아시아 내 1위 자리를 뺏기 위해 칼을 갈고 있는 항공사가 많다는 것은 에어아시아의 일부 사업 축소가 단기적인 관점에서 불안을 가중하는 소식이 되는 듯합니다.

비록 전 세계 항공사가 공통되게 겪고 있는 위기이지만 성장력이 가장 강한 아시아 항공시장에서도 저비용 항공사의 발전에 있어 매우 중요한 위치에 있는 항공사인 만큼 현명한 위기 극복과 함께 철저한 포스트 코로나에 대한 대비를 바탕으로 항공수요가 회복되는 시점에는 현재 그들이 일부 새롭게 선보이고 있는 포스트 코로나 시대를 위한 디지털 사업 확대와 재무구조 개선 및 건강한 구조조정 등을 바탕으로 누구도 예상치 못했던 새로운 LCC 항공문화를 다시금 선도함과 동시에 왕좌의 자리를 이어갈 수 있을지는 조금 더 지켜봐야 할 듯합니다.

수석 사무장의
코로나19 기내 방송 논란!

　세상이 변하는 시간 단위를 표현할 수 있다면 사실상 초단위로 바뀐다고 말하는 것이 가장 적합한 시대를 살아가는 요즘, 개개인이 살아가는 조금씩 다른 세상 속 변화를 알리는 여러 소식을 모두 흡수하며 따라가기엔 한계가 있을 수밖에 없을 듯합니다.

　특히나 최근 감염병 확산이란 전 세계의 공통된 위기로 인해 다양한 산업의 구조가 일부는 도태되어 사라지거나 세력이 약해졌지만, 또 다른 것들은 새로운 시대를 만나 긍정적인 변화로 규모를 불려가는 복합적인 움직임이 감지되고 있는 시기인 만큼 그것이 긍정이든 부정이든 결국 변화된 새로운 정보가 전과 달리 더 많이 쏟아짐에 따라 받아들이는 사람의 입장 역시 과부하가 걸릴 수밖에 없음을 이해합니다.

　객실 승무원이라는 직업을 갖기 위해 거쳐야 하는 면접을 준비하는 과정에 필요한 일부 정보와 지식을 나누기 위한 책인 만큼 항공 정보에만 국한하여 생각해 보더라도 항공시장의 변화를 다루는 소식을 알리기 위해 생산되는 데이터의 양은 셀 수 없는 수준이죠. 그런데도 여전히 내가 되고자 하는 직업인 그리고 그 직업이 속한 시장과 산업의 변화를 따라갈 수 있어야 함은 장차 종사하고자 하는 직업에 대해 올바른 이해를 한 지원자임을 보여야 하는 면접을 준비하기 위해 필요한 가장 중요한 요건일 수밖에 없다는 것을 기억해야 합니다.

그러나 일부 지원자의 경우 국내와 외국 항공사로 나뉜 지원 방향에 따라 면접을 준비하는 과정에서 정보를 취득하며 편식하는 경우를 종종 보기도 합니다. 쉬운 예로 만약 내가 국내 항공사의 면접만을 준비한다면 국내 항공 관련 정보만을 흡수하는 것이죠. 위와 같이 편식으로 표현하는 방식을 놓고 옳고 그름을 칼같이 나눠 얘기할 수 없습니다만, 여전히 국내시장의 흐름을 조금이나마 올바르게 마주하기 위해서는 국제시장, 즉 전체 시장이 나아가는 방향과 추세를 읽을 수 있는 기술 혹은 바라보는 눈을 가지기 위한 노력이 요구된다고 주장합니다.

2021년 현재 항공업계에서는 영원할 것만 같던 중동 항공사의 영광은 물론 왕좌의 자리를 쥐고 놓지 않던 미국 항공사의 세력이 주춤해짐에 따라 국제선 운영과 관련하여 국내 항공사에도 미칠 영향을 바탕으로 마주할 수 있는 변화를 추측해볼 수 있다는 것 그리고 여객시장 성장을 통해 모두가 여객 수요에만 집중하던 시기에도 화물 수송능력에서 상위권 자리를 유지해 왔던 것이 현 상황의 국제시장에서 얼마나 큰 평가를 받는지를 보여주는 대한항공 등의 간단한 예시만으로도 국내외 구분 없이 항공 관련 정보를 습득해야 하는 이유를 설명할 수 있을 듯합니다. 물론 수도 없이 쏟아지는 나라 밖 소식까지 습득하기엔 한계가 따를 수밖에 없을 것이고 2020년과 2021년에 나온 데이터는 대부분 부정적으로 시장을 바라보는 것이 기본적으로 깔린 내용일 수밖에 없기 때문에 습득하여 받아들이는 속도가 사실상 느려질 수밖에 없음을 충분히 이해합니다.

필자 역시 전 세계의 다양한 항공사에 근무 중인 현직자들은 물론이고 다양한 매체와 기관을 통해 쏟아지는 여러 정보를 습득하는 과정에서 최근처럼 연속된 악재를 꾸준히 이어갔던 시기는 없었던 것으로 기억합니다. 공통된 주제로 인해 위기가 지속되고 있는 현재와 같은 시기가 아니라면 사실상 나라별 시장상황의 특성에 따라 조금씩 다른 분위기를 보이는 만큼 쏟아지는 소식 역시 국가별로 다른 분위기와 색깔을 가지는 게 일반적입니다.

특히나 미국 시장의 경우 항공 여객시장을 선도하는 곳인 만큼 정보 생산량 역시 압도적인 게 사실입니다. 그들의 시장 규모에 따라 수많은 콘텐츠가 생산되는 만큼 논란거리가 생산되는 빈도 역시 잦을 수밖에 없는 만큼 쏟아지는 항공 관련 내용에 논란의 소지가 있는 소식을 자주 접한다 는 점은 부정할 수 없는 사실입니다.

그중 코로나19 확산 속 2020년 하반기 SNS 채널에서 시작되어 논란이 제기되고 있는 외국 항공사 객실 승무원과 관련한 얘기를 해보고자 합니다.

이는 논란의 주인공인 수석 사무장이 속한 미국의 저비용 항공사 중 한 곳인 스피릿 항공 비행 중 일어난 사건으로 탑승 중 승객에게 전달된 기내 방송 내용이 논란의 시작이었죠. 참고로 스피릿 항공은 미국의 LCC 항공사 중 한 곳으로 일반적인 저비용 항공사보다 더 저렴한 가격을 제시하는 운영방식을 주장하는 만큼 여타 다른 항공사에 비해 더 좁은 좌석 간 간격으로 더 많은 승객을 탑승시키는 것으로 유명한 곳입니다. 해당 비행 편에 탑승했던 승객의 SNS 트위터에 공개된 기내 방송 영상이 비행 밖에서 퍼지며 논란이 시작된 이번 사건은 사실상 논란이라는 표현이 무색할 만큼 대부분의 여론은 승무원의 잘못을 지적하는 방향으로 흘러갔습니다. 조금 안타까운 부분이라 생각합니다만, 온라인 속 익명으로 공개된 여러 의견 대부분이 조롱 섞인 악성 댓글이라는 것을 알 수 있기 때문이죠. 논란이 된 기내 방송 내용은 아래와 같습니다.

"Once the door is closed, if we have to ask you more than once to cover your nose, mouth, put your mask on, we're not going to be rude, we're not going to be nasty. We are going to simply take your seat number and your name, and when we get where we are going you will either be arrested, fined, but you will also be placed on the no-fly list, meaning that you'll not be able to fly any airline for the rest of your life.

So please, again, I'm saying this because there is usually always that one person and I really don't want to have to do the extra paperwork, and do more than I'm intended to for my job.

So if you do not agree or want to, you know, do what needs to be done, you are more than welcome to exit at this time. We have about nine more minutes left, but I want to give everyone a fair opportunity.

Also, I'm not really sure what's going on with all these videos going viral of passengers attacking each other and/or flight attendants. Let me remind you, we are government officials, this is government property. If you choose to act out of content or character on this aircraft, you will be arrested and face 20 years imprisonment and you will also receive a $250,000 fine.

If a weapon is used, you will face life in prison. So before anybody gets creative, want to feel froggy, want to be bad, want to be a superhero, let me let you know what's going on.

With that being said, if you didn't like what I had to say, my name is Marrio, that's with two 'r's, don't forget to dot the 'i', I'm the lead flight attendant on today's flight, and I'm accompanied with a Fort Lauderdale and Dallas based cabin crew who are here for your safety first and your comfort second. If there is anything that you need on your flight today to make it more enjoyable, please don't hesitate to let us know. Welcome aboard."

수년간 기내 방송을 직접 해야 했던 본인은 물론 기내 방송 경험을 가진 누가 보더라도 해당 방송문 내용은 항공사에서 직접 제작하여 배포한 공식 기내문이 아님을 알 수 있을 듯합니다. 어디까지나 짐작이지만 해당 방송문은 수석 사무장의 자체 창조 글로 보입니다. 비영어권 국가에 거주하며 영어를 익힌 사람의 처지에서 보더라도 자주 볼 수 없는 영어 표현을 사용한 방송문은 아니라고 판단되는 만큼 내용을 이해하는 데 큰 어려움은 없으리라 생각합니다.

영어 방송은 물론 한국어 기내 방송을 꾸준히 했던 혹은 하는 승무원의 처지에서 보더라도 확실한 내용 전달을 바탕으로 강압적인 문구를 대부분 배제하고 권유하는 방식으로 돌려 말하는, 다시 말해 잘 정돈해서 예의를 차린 기내 방송문만을 접했던 만큼 위의 내용은 다소 생소하다 느낄 수밖에 없습니다. 조금 더 과감히 표현하자면 우아하게 보이려 노력하는 협박으로 들리기도 합니다. 물론 실제 사람의 목소리로 전달되는 기내 방송문인 만큼 글로만 봐서는 정확히 평가할 수 없겠지만, 여전히 영상 속 기내 방송을 글로 보든 육성으로 듣든 기내에서 정확한 정보를 전달하기 위해 사실만을 전달해야 하는 기내 방송으로 보기엔 무리가 있어 보입니다. 스피릿 항공 수석 사무장이 자체적으로 작성하여 사용한 기내 방송문 내용에 대해 반박 보도한 외신의 주장을 빌려 보더라도 비행 중 방역을 철저히 지키기 위한 규칙 중 하나인 마스크 착용 지시를 따르지 않아 비행할 때마다 고초를 겪을 것이 분명한 승무원의 입장이 무색해질 만큼 논리정연하다는 것을 알 수 있습니다.

우선 위의 방송문에서 가장 먼저 눈에 띄는 단어는 본인 포함 승무원을 지칭하는 것으로 판단되는 Government official, 즉 공무원입니다. 외신의 주장과 같이 승무원은 공무원이 아니라는 것은 누구나 다 아는 사실입니다. 비행 중 마스크 착용을 법적으로 규제하고 있더라도 이를 위해 승무원을 공무원으로 지정하는 국가는 없으리라 생각합니다. 어디까지나 이러한 규칙을 따르지 않을 경우 항공법에 따라 공항 내 공항 경찰에 인계하는 과정에서 협조할 뿐, 공무원의 업무를 수행하거나 공무원의 신분을 가질 수 없습니다. 공무원이라는 표현 이외에도 가장 먼저 방송에서 사무장을 통해 언급된 블랙리스트 얘기도 승객의 처지에서 본다면 얼마든지 선을 넘었다고 볼 수 있을 듯합니다.

한정된 기내라는 공간에 각기 다른 성향과 성격, 취향, 성별, 나이, 생활방식 등을 가진 수백 명의 승객이 탑승하는 만큼 수석 사무장의 주장과 같이 이들의 안전을 보장하기 위해 탑승하는 승무원은 수도 없이 반복된 질문과 요구에 대한 응대와 필요에 따라 지시를 하게 됩니다. 그래서 자연스레 반복된 상황 속의 피로도는 증가할 수밖에 없습니다. 안전한 비행을 위해 필요한 지시에 수백 명의 승객으로부터 일괄적인 응답을 기대하며 다소 선을 넘었다고 볼 수 있는 과도한 표현을 빌려 방송한 것으로 생각할 수 있으나 여전히 사실만을 담백하게 전달해야 하는 공식적인 기내 방송을 일부 수정이 아닌 전체 내용을 자체적으로 사실이 아닌 내용을 담아 사용한 것은 충분히 문제로 거론되기에 충분하죠.

특히나 지시를 따르지 않을 경우 여생에서 항공기를 평생 이용할 수 없게 블랙리스트에 남긴다는 주장은 농담으로 보기엔 강압적인 분위기를 조성하기까지 합니다. 이외에도 문장마다 논란을 제기할 수 있는 내용은 충분하지만, 기내 무기 사용의 결과 평생 교도소에 가게 되는 것을 알려주겠다는 등의 주장은 항공법을 위반한 경우 어떠한 형법에 의해 불이익을 당하는지를 공식적으로 알리는 일반적인 기내문과는 달리 우스꽝스러운 것을 넘어 눈살을 찌푸리게 만듭니다.

비행마다 수백 명의 각기 다른 승객을 응대하는, 다시 말해 감정노동이 필수적일 수밖에 없는 환경에서 일하는 직업임을 충분히 인정하고 보더라도 수석 사무장이라는 직급에서 예상할 수 있는 경력이 의심될 만큼 아쉬움이 남을 수밖에 없습니다. 논란에 대한 스피릿 항공의 공식적인 주장이 나오지 않은 만큼 내부에서 어떠한 생각을 하고 있을지 알 수 없으나, 여전히 승객의 관점에서 시작된 논란의 이유에 충분히 공감하는 게 일반적인 현지 여론인 듯합니다. 그러나 여전히 이 직업을 겪고, 현재 승무원이 되고자 하는 사람을 돕는 입장에서 본다면 익명이라는 점을 이용하여 온라인상에서 그를 향해 쏟아낸 조롱 섞인 악플은 그가 보인 실수를 고려하더라도 아쉬움이 따르는 부분이 아닐까 싶습니다.

변명의 여지가 없을 정도의 기내 방송이긴 합니다만, 여전히 당사자의 해명 혹은 주장이 없는 상태에서 나온 평가이자 근거가 빠진 마녀사냥으로밖에 보이지 않기 때문이죠. 물론 어디까지나 객실 승무원의 위치에서 해야 하는 기내 업무 중 하나인 기내 방송은 유사시는 물론이며 위급상황에 대비하기 위해 평시에 정보를 전달함과 함께 원활한 서비스를 위해서도 활용되는 만큼 그 어떠한 상황에서도 사실만을 담아야 한다는 것은 부정할 수 없는 사실이기 때문에 이번 논란을 바탕으로 개선되어 앞으로의 승객은 물론 승무원까지 불이익을 받는 상황이 발생하지 않기를 바랍니다.

승
무
원
트
렌
드

2   0   2   1

정상 회복까지 3년 주장하는 항공기 제작회사

여객이든 화물이든 어떠한 목적으로 사업하느냐에 대한 문제를 떠나 결국 상업 항공사를 운영하면서 가장 먼저 확보되어야 할 것은 객실도 운항 승무원도 아닌 항공기가 아닐까 싶습니다. 항공교통 수단을 기반으로 사업해야 하는 항공사에 비행기가 없다면 사실상 항공사일 수 없습니다. 사람과 화물을 출발지에서 도착지로 수송하기 위한 하나의 수단이 되는 항공기는 이들을 가장 필요로 하는 상업 항공사에서 제작하는 게 아니라 항공기를 제작하여 판매하는 항공기 제작회사를 통해 탄생하게 됩니다.

항공기를 제작하여 판매하는 회사는 가장 많이 알려진 에어버스와 보잉입니다만, 이외에도 미국에서 훈련용 경비행기를 주로 제작하는 세스나와 전용기 등을 주로 제작하는 걸프스트림 항공우주 그리고 유럽연합으로, 여객기를 주로 제작하는 에어버스 외에도 유럽 출신의 항공기 제작회사인 ATR 등이 있습니다. 이외에도 단순 여객 수송용이 아닌 군사 용도로 사용될 항공기를 제작하는 방위산업을 목적으로 한 회사가 포진한 러시아, 이스라엘, 한국, 미국 등이 있다는 것만 보더라도 항공 관련 종사자가 아니어도 대부분 알고 있는 에어버스와 보잉만이 항공기 제작회사의 전부가 아님을 알 수 있을 듯합니다. 물론 가장 쉽게 접할 수 있는 여객기 대부분이 에어버스와 보잉사에서 제작된 항공기인 만큼 항공기와 관련된 정보는 대부분 두 회사와 관련된 것일 수밖에 없죠. 그중 B737 MAX기종과 관련한 논란을 시작으로 항공수요 증발을 가져온 감염병 확산에 대한 사태 등에 의해 상업 항공사가 받은 충격을 두 배로 흡수한 미국의 보잉은 연일 구조조정 소식을 전하고 있습니다.

항공수요가 줄어듦에 따라 국제선은 물론이고 국내선까지도 정상 수요를 회복하지 못하는 국가가 대부분인 만큼 상업 항공사의 경우 노선을 줄임과 동시에 넘치는 수요에 항공기를 쉴 새 없이 스케줄에 배정했던 과거와 달리 이번을 기회로 낡은 항공기를 퇴역시키는 단계까지 속도를 내는 만큼 그들의 뒤에서 항공기를 제작하여 판매하는 업체인 보잉과 같은 회사는 두 배에 달하는 충격을 그대로 흡수할 수밖에 없는 상황입니다. 특히나 보잉은 전 세계 상업 항공사를 소비자로 두는 회사인 만큼 각각의 항공사가 점치는 미래에 따른 소비가 실시간으로 모이기 때문에 그 어떤 항공 관련 전문 기관보다 더욱 현실적인 시선으로 업계의 상황을 파악할 수 있다고 봅니다. 따라서 그들이 최근에 내놓은 발표에서 알 수 있는 것과 같이 앞으로 시장의 정상적인 회복까지 3년이라는 시간이 소요될 것이라는 점에 주목해야 한다고 주장합니다.

항공수요 회복과 관련하여 전 세계의 많은 기관과 단체 그리고 전문가에게서 나온 다양한 주장 속엔 최소 2년을 시작으로 3년, 4년 혹은 그 이상을 보는 예도 있습니다만, 나라마다 다른 조건과 환경에 따라 회복속도 역시 다를 수밖에 없는 만큼 여러 상황에 따른 주장을 종합하여 판단할 수 있는 조건을 가진 보잉에서 주장하는 3년이라는 시간이 어쩌면 가장 유력할지도 모릅니다.

위에서 언급했던 것과 같이 보잉과 에어버스는 전 세계 항공사를 소비자로 두고 있으며 항공사는 수요에 따라 항공기를 추가 구매하는 구조를 가지는 것은 물론, 당장 필요한 항공기를 현시점에서 구매하는 것이 아니라 제작 소요시간 등을 고려하여 앞으로 몇 년을 염두에 두고 항공기를 구매하기 때문에 더욱이나 이러한 데이터가 자연스레 모이는 보잉의 분석은 현실을 바탕으로 한 예측이기에 정확도가 높을 수밖에 없음을 짐작게 합니다.

물론 3년이라는 숫자는 일반적으로 항공수요 회복을 점치는 자료를 수집할 수 있는, 다시 말해 신뢰할 수 있는 전문 기관에서 내놓은 2024년 이후라는 수치보다 조금 더 긍정적이긴 합니다. 그럴 수밖에 없는 것이 최근 몇 년 사이 항공기 구매시장에서 가장 큰손으로 볼 수 있는 중국은 2020년까지만을 놓고 본다면 국내선은 이미 정상수준을 회복했고, 전 세계적인 추세로는 위에서 언급했던 것과 같이 수요가 증발한 시기를 틈타 노후한 항공기를 퇴역시키는 분위기가 가중되면서 앞으로 수요가 회복되면 신규 항공기를 구매할 가능성이 더 커진 만큼 중단기적인 관점으로 본다면 보잉과 같은 항공기 제작사업을 하는 회사에는 호재일 수밖에 없는 것이죠.

추가로 논란의 중심에 있던 맥스 737기종 역시 일부 소프트웨어를 보완하며 재사용 승인이 미국으로부터 발표된 만큼 맥스기종을 대체하여 A321기종에 대한 판매에 열을 올리고 있는 에어버스와의 치열한 경쟁에서 격차가 더욱 벌어질 이유가 됨과 동시에 재판매가 이뤄지기 시작한 맥스기종이 본격적으로 시장에 풀리게 됐을 경우에 일어나는 시장 변화 역시 시장 회복에 어떤 영향을 미칠지 조금 더 지켜봐야 할 듯합니다.

이러한 다양한 분석이 더해지면서 가까운 시기만을 본다면 3년이라는 숫자는 부정적일 수밖에 없으나, 전체적인 그림을 본다면 그나마 낙관적인 시선을 가지고 있음을 알 수 있습니다. 그러나 보잉은 단기적인 관점에서 본다면 위기를 이어가고 있는 그림이죠. 호황기를 이어가던 시기와 비교한다면 40% 이상의 인력이 증발했고, 2020년 10월에는 7,000여 명에 달하는 대규모 해고를 순차적으로 진행할 것임을 발표하기도 했습니다.

기존 항공기 역시 퇴역을 거치며 보유 수를 조절하고 몸집을 줄이는 항공사가 늘어감에 따라 보잉과 같은 항공기 제작업체가 할 수 있는 업무 역시 줄어들 수밖에 없다 보니 자연스레 인력을 줄이는 과정이 반복되는 현실입니다. 객실 승무원이라는 직업은 물론이고 다양한 직군으로 구성된 항공 관련 채용을 준비하는 분들의 경우 항공기를 기반으로 한 사업을 하는 곳이 항공사인 만큼 항공기가 중요하다는 것은 이미 이해하고 있습니다만, 항공기를 제작하는 업체의 사정까지 알아야 한다는 것에 대해 의아스러워할 수 있다고 생각합니다. 그런데도 주요 여객기를 제작하여 판매하는 보잉과 에어버스의 미래는 결국 전체 항공사의 미래와 함께하는 연결고리를 가진 기업이자 각 항공사의 미래에 대한 운영 방향이 모여 종합적인 시선으로 시장을 바라볼 수밖에 없는 자리에 있는 회사가 보잉, 에어버스와 같은 기업인 만큼 그들이 나아가는 방향과 시장을 분석하여 발표하는 여러 주장을 참고하여 앞으로 종사할지도 모를 업계에 대한 변화를 감지하는 데 조금이나마 도움을 받을 수 있을 듯합니다.

승
무
원
2   0   트   2   1
렌
드

줄어든 기회?
역사 속으로 사라지는 항공사

한국으로 아웃바운드 비행을 들어오는 노선이 없는 외국 항공사 중 한국인을 객실 승무원으로 채용하는 혹은 과거에 채용했던 항공사는 오래전부터 꾸준히 존재했습니다. 물론 중동 항공사를 시작으로 외국인 승무원에 대한 수요가 폭발적으로 증가했던 시기부터 승무원이 되고자 했던 한국인 지원자가 발 빠르게 국외 채용시장을 뚫기 위해 노력했다는 점이 아마도 한류 문화라는 아주 강력한, 다시 말해 지금의 폭발적인 한국 관광 수요를 만들어낼 수 있는 무기가 미미했던 시기에도 한국 여권을 가진 사람을, 한국 노선도 없는 시기에 채용했던 가장 큰 이유가 아니었을까 합니다.

과거 그들의 노력으로 그리고 이전과 달라진 국가 위상과 이를 통한 한국 관광 수요가 증가함에 따라 자연스레 한국 노선 역시 횟수가 증가하고 중요도가 높아지면서 코리안 크루에 대한 채용 역시 날로 활발해질 수밖에 없었을 것이라 봅니다. 이런 과정에서 한국 노선 자체가 없는, 심지어 가까운 미래에 노선 개발 예정조차 없는 항공사 역시 한국인을 뽑는 경우 역시 위에서 언급했던 것과 같이 꾸준히 있었죠.

물론 하이난 항공과 같이 당시 가까운 미래에 한국 노선에 대한 개발을 염두에 두고 대규모 한국인을 채용했던 사례와 같이 캐세이 드래곤 역시 홍콩에서 제주와 부산을 연결하는 노선을 위해 초기 한국인 승무원을 채용했던 것으로 판단됩니다. 과거 국내 사설 기관의 외항사 채용 대행을 통해 한국인을 승무원으로 채용했던 드래곤 항공은 캐세이퍼시픽에 흡수된 후에도 사명을 유지했으나 2014년 한국인 승무원 채용을 마지막으로 캐세이퍼시픽과의 연대를 통해 앞으로 더 나아가고자 사명을 변경했었죠.

사명이 변경되기 전인 드래곤 항공일 때 한국인 승무원을 채용한 뒤 추가적인 채용은 없었습니다. 그럴 수밖에 없었던 것이 드래곤 항공은 홍콩을 기점으로 단거리 노선에 집중했던 만큼 캐세이퍼시픽에 흡수된 후 외국인 승무원에 대한 수요가 더욱 낮아질 수밖에 없었던 것으로 보입니다. 근무지가 홍콩이라는 점과 함께 당시를 기준으로 타 외항사 대비 복지와 연봉조건이 좋은 편에 속했던 만큼 2013~4년을 기점으로 아시아권 외국 항공사를 준비했던 학생들에겐 가고 싶은 곳 중 하나였던 것으로 기억합니다만, 여전히 부산을 비롯하여 대부분 퀵턴 노선인 만큼 이를 통해 수당이 자연스레 높아져 수령하는 월급도 높아진 점 그리고 홍콩 물가 등을 고려한다면 인천 비행 후 일정 시간 체류는 물론 전 세계의 다양한 노선을 경험하는 등의 장점이 있는 캐세이퍼시픽과 항상 비교될 수밖에 없었으리라 생각합니다. 최근까지 캐세이퍼시픽으로 흡수되어 운영되었으나 여전히 다른 관리체제를 유지하는 만큼 엄밀히 다른 구조를 가지기 때문에 사실상 캐세이퍼시픽으로 전환되는 것조차 어려운 게 사실입니다. 그러나 이런 과거 사정이 무색하게도 드래곤 항공 즉, 변경된 사명인 캐세이 드래곤은 결국 역사 속으로 사라집니다. 홍콩을 베이스로 근무 중인 5,300명을 비롯하여 캐세이퍼시픽의 다양한 해외 베이스에서 600명을 해고할 수밖에 없는 현실에서 캐세이 드래곤을 정리했기 때문이죠. 이전부터 전해진 구조조정에 관한 주장은 캐세이퍼시픽 그룹 내에 포함된 드래곤과 홍콩 익스프레스 역시 함께 있었고, 국제선 운영에 대한 회복이 단기간에 이뤄질 수 없음을 확신한 상황에서 대규모 구조조정 및 드래곤 항공 운영 중단이라는 결과를 발표했습니다.

현재 드래곤에 포함된 인력과 항공기 등을 조치하는 방안에 대한 부분은 자세히 언급되지 않고 있으나 한국인 승무원은 대부분 귀국한 것으로 전해집니다. 중동 항공사의 부흥을 통해 한국인 승무원에 대한 외항사 채용 역시 항공수요 증가 및 한국 시장에 대한 평가가 높아짐에 따라 전 세계의 수많은 항공사에서 한국인을 꾸준히 채용한 최근까지 그 역사 속에 기록된 여러 항공사는 드래곤과 같이 사라지거나 혹은 운영을 이어가지만 여러 이유에 의해 한국인을 더 이상 채용하지 않는다는 것을 알 수 있습니다.

한국 노선이 없음에도 채용을 강행하거나 혹은 전과 달리 새롭게 노선을 취항하게 되어 1기를 뽑는 경우도 심심치 않게 발생했던 만큼 포스트 코로나를 기다리는 시점에서 앞으로 항공시장 역시 다양한 산업군이 그럴 것으로 예상하는 것과 같이 긍정적인 변화와 발전을 통해 더 많은 외항사 채용을 기대해 볼 수 있으리라 확신합니다.

물론 지금 당장 눈앞에 보이지 않는 허황한 그림을 그리며 확신만을 할 수는 없습니다만, 제대로 된 기회라는 것은 꾸준한 노력을 통해 준비된 자에게 돌아갈 확률이 조금이나마 높을 수밖에 없는 만큼 내가 당장 항공 관련 업계에 종사하지는 않더라도 시장이 변화하는 흐름을 놓치지 말아야 한다는 것을 명심하기 바랍니다.

PART 2

이환위리(以患爲利),
위기를 기회로

승
무
원
트
렌
드

2　　　0　　　2　　　1

대한항공 + 아시아나항공 = ?

　　자본잠식 50% 이상이 지속됨에 따라 관리종목에 지정되는 최악의 사태를 막기 위해 균등한 비율로 주식을 줄여 재무구조 개선의 목적을 가진 균등감자시행을 진행하겠다고 발표한 아시아나항공은 2일 뒤 돌연 대한항공과의 합병 가능성에 대해 산업은행 주도로 발표된 내용에 등장하게 됩니다. 물론 사실상 한진그룹과 아시아나항공 그리고 채권단인 산업은행까지 모두 합병 진행에 대해 인정한 뒤 필요한 절차가 진행되고 있는 만큼 예고 없이 발표하고 매우 급하게 진행되는 과정에 대해 비판의 목소리를 계속 내는 것은 큰 의미가 없어 보입니다.

　　산업은행의 언론 인터뷰 내용을 참고한다면 소액주주를 배려하지 않은 강행으로 논란을 이어가던 균등감자는 이미 일정 기간 전부터 은밀하게 논의된 것으로 보이는 두 항공사의 합병소식 며칠 전에 발표한 것에 대해 일체 별개임을 주장했습니다만, 여전히 항공 관련 종사자와 해당 기업의 주식을 보유한 소액주주의 관점에서 불편한 심리를 드러내는 것 역시 당연한 반응이라 생각합니다. 그런데도 여전히 너무나 다른 성격과 색깔 그리고 두 항공사 모두 일정 규모 이상인 만큼 합병에 필요한 과정이 모두 무리 없이 성사되더라도 겉으로 보이는 외부적인 부분을 포함하여 내부적인 운영구조에서 완벽히 하나가 되기까지 최소 3~5년이란 시간이 소요될 것이라 예상됩니다. 과거 비슷한 국제적인 사례를 참고하여 이들 두 기업이 실질적으로 완벽하게 섞일 때까지 이와 같은 시기가 예상되는 만큼 합병이라는 과정 역시 생각만큼 쉬운 길은 아니리라 생각합니다.

특히나 누구를 위한 그리고 누가 가장 이득을 보고 손해를 보는지를 바탕으로 이번 합병 발표에 부정적인 시선을 가진 여론과 직접적인 이해관계에 놓인 당사자 중 부정적인 생각을 하는 사람 역시 존재할 것이며, 독과점에 대한 논란 역시 꾸준히 제기되고 있는 만큼 결과적으로 현재 언론을 통해 두 기업이 주장하는 합병은 현대산업개발과의 첫 거래와 같이 불발이란 결과를 낳을 수 있는 가능성 역시 부정할 수 없을 듯합니다. 반대세력이라 볼 수 있는 제삼자연합 측에서 꺼내든 첫 번째 카드인 가처분신청이 기각된 뒤 공정위 통과 등을 위한 준비에 속도를 내는 만큼 절반의 고비를 넘겼다고 볼 수 있지만, 여전히 넘어야 할 산이 많은 만큼 끝까지 예의주시해야 할 중요한 사안임은 분명합니다.

이처럼 현재 시점에서만 본다면 너무나 복잡하게 얽히고설킨 이해관계 속 합병이라는 시나리오의 첫 장면, 즉 첫발을 고작 내디딘 단계로밖에 볼 수 없는 초기인 만큼 앞으로 어떤 방향과 결과를 초래할지 당사자조차 알 수 없는 상황일 수밖에 없죠. 특히나 객실 승무원이 되고자 면접을 준비하는 과정에 도움을 주는 강사 혹은 이들이 속한 교육기관이라고 하여 당장 눈앞에 일어나지도 않은 합병이란 결과를 바탕으로 실제 성사되더라도 너무나 다른 색을 가진 두 항공사가 어떠한 방향과 방법으로 하나의 그림을 그려낼지 그 누구도 알 수 없는 상황임은 부정할 수 없는 사실이기 때문에 이 시점에서 2021년 혹은 조금 더 먼 미래에 대한항공 승무원 채용 전망을 상상하여 내놓는다는 것은 신빙성은 물론 신뢰도마저 상쇄되는 콘텐츠가 아닐까 하는 것이 개인적인 주장입니다.

　물론 위기의 터널 속에서 연일 쏟아지는 항공시장의 악재를 알리는 소식에도 스스로 이 직업에 대한 확고한 의지를 바탕으로 흔들리지 않으며 현재의 삶에 최선을 다함과 동시에 승무원 면접 준비를 이어가는 사람이라면 그간 부지런히 쫓아온 시장 흐름에 대한 지식과 정보를 바탕으로 합병이란 주제를 놓고 여러 가능성을 짐작하여 다양한 준비 계획을 세워보는 것은 나쁘지 않으리라 생각합니다만, 그 누구도 예상하지 못했던 그리고 더 나아가 예상했다고 하더라도 앞으로 두 기업이 보여줄 행보의 범위가 범접할 수 없을 만큼 매우 넓다는 현실을 고려한다면, 합병이라는 머나먼 여정에 첫 논의만 이뤄지고 있는 현시점에서 다소 억지스러운 대한항공 승무원 채용 전망을 상상할 필요는 없다고 평가합니다.

특히나 당장 앞을 예측할 수 없는 시점에서 합병이라는 결과가 곧 대한항공 승무원 채용 규모의 확대일 것이란 막연한 판단에는 더더욱 아쉬움이 따를 수밖에 없을 듯합니다. 물론 FSC 항공사 간 합병 논의에 이어 자연스레 해당 기업 내에 속한 LCC 항공사 간의 통합 역시 언급된 만큼 전체적인 국내 항공시장의 판도가 크게 바뀔 수밖에 없는 소식이므로 혼란을 야기할 수 있는 여러 정보가 쏟아질 수밖에 없는 것 역시 어쩔 수 없음을 인정합니다. 그러나 반대로 쏟아지는 악재 속 부정적인 시선으로 채용을 전망하는 여론에 대해서는 일부 동의합니다만, 또 한편으론 아쉬움이 따르는 게 사실입니다.

저 역시 승무원 면접을 위해 필요한 준비를 일부 돕는 강사로도 일하는 만큼 채용 재개에 있어 긍정적으로 작용할 수밖에 없는 정보를 찾고자 노력하지만 적나라한 시장상황의 민낯을 마주하기 위해서도 행동한다고 스스로 믿기 때문에 양쪽을 모두 냉정하게 종합하여 보더라도 귀를 닫고 눈을 가린 채 무조건 부정적인 미래만을 점치는 것에는 반대하는 입장입니다.

감염병 확산 전후로 승무원 면접을 준비했던 혹은 새롭게 준비하려는 입장이라면 서로 다르게 각자 마주한 본인의 환경에 맞게 구직활동 계획을 세우는 것을 우선으로 시장이 변화하는 추세에 따라 각자의 분석 결과를 바탕으로 자신의 준비 방향에 대한항공과 아시아나항공 승무원 역시 포함되어 있었다면 합병이라는 주제를 놓고 여러 가지 가능성을 고려하여 계획을 보완해 나갈 것을 추천합니다.

물론 승무원이 되기 위해 참여하는 면접을 준비하면서 여러 가지 준비와 노력이 필요해진 역사가 시작된 후 현재까지 전혀 경험하지 못한 수준의 위기를 모두 경험하고 있으므로 이 시간은 너무 막연하게 느껴질 수밖에 없다는 것을 이해합니다. 그런데도 세상에 존재하는 수많은 직업 중 가까운 미래에 채용 존재 여부조차 불확실한 승무원 면접을 준비하고자 하는 확고한 의지가 있는 게 맞다면 두 항공사의 합병 논의 단계를 밝히는 소식은 물론이고 실제 합병이 당장 성사된다고 하더라도 항공수요가 회복되어 잉여인력에 대한 문제까지 모두 해결된 뒤 추가인력을 확보해야 한다는 목소리가 나오기까지 장기적인 기다림이 요구되는 만큼 막연히 채용을 기다리는 위치에 있는 답답함은 물론 이해합니다만, 내가 당장 바꿀 수 없거나 도저히 예상할 수 없는 주제에 대해 고심하지 말고 노력을 통해 바꿀 수 있는 혹은 유익한 내용을 위한 시간, 예를 들어 위에서 제시한 것과 같이 채용 준비를 위한 계획을 본인의 위치에서 먼저 고심해 볼 수 있는 시간을 가져보기 바랍니다.

2 0 2 1

숭
무
원
투
렌
드

새로운 공급을 통한 수요 창출?
승무원 체험 비행의 진실

현재 우리 앞에 마주한 위기는 비단 항공사가 포함된 항공업계 그리고 더 나아가 관광업계만의 문제가 아닌 만큼 다양하게 얽힌 현대사회에서 여러 산업구조에 대한 변화가 발생할 수밖에 없으므로 포스트 코로나 시대에 대한 준비, 즉 대비가 필요함을 강조하는 전문가는 많습니다만 여전히 기약 없는 감염병 확산에 대한 종식은 희망고문인 상황입니다.

전에 없던 위기인 것은 물론이고 예상조차 할 수 없었던 사태가 벌어지는 만큼 시기가 길어지면 길어질수록 산업구조에서 더 나아가 휴폐업, 무급휴직, 자살률 증가 등 개개인의 삶까지 무너지는 상황이 벌어질 수밖에 없을 듯합니다. 그러다 보니 어찌 보면 자연스레 나 자신을 먼저 지키기 위한 이기심이 발동하는 것도 어쩔 수 없음을 넘어 자연스럽다고까지 보는 시각이 나오는 시점이 아닐까 싶습니다. 그만큼 상황이 심각함을 뜻하는 듯합니다.

개개인 삶에 닥친 문제가 아닌 기업, 즉 당장 우리가 속한 혹은 앞으로 하나의 직업으로 꿈꾸는 승무원이 포함된 항공사로만 국한하여 말한다면 가장 큰 직격탄을 받았다고 표현할 수 있습니다. 제조업, 물류 등은 감염병 확산에 따라 꼭 필요하지만, 비대면 서비스가 가능한 산업의 경우 본의 아닌 성장세를 이어가고 있습니다만, 비대면 서비스가 불가능한, 다시 말해 대부분의 과정에서 대면이 필요할 수밖에 없는 여객 운송의 경우 미래에 어떤 변화가 찾아올지 모르나 현재까진 직원과의 대면이 필수입니다.

대면이 필수인 항공사의 경우 그리고 국가 간은 물론 도시 간 감염병 확산을 막기 위해 입국과 이동을 차단함에 따라 정상적인 노선 운영이 어려우므로 더더욱 타격이 클 수밖에 없습니다. 대부분을 넘어 모든 매출이 항공기를 이용해 나오는 항공사인 만큼 항공기를 제대로 운영하지 않는다면 수익이 발생할 수 없는 것은 너무나 당연한 이치입니다.

항공기를 포함한 교통수단의 발전은 산업화를 이끈 주요한 요인으로 분석됨과 동시에 관광, 즉 폭발적인 여행 수요 증가에 가장 크게 기여하였으나, 지금과 같이 부정적인 영향을 주는 것들조차 단 며칠 만에 전 세계로 이동 및 전파가 가능하다는 점은 항공기의 발전이 전쟁을 위한 목적과 함께 해왔다는 것을 고려하더라도 발전이 이뤄진 당시에는 예상하지 못했을 단점이 아닐까 싶습니다.

이러한 위기를 현재진행형으로 헤쳐가고 있는 항공사의 입장에서 초기에는 대부분 확산에 대한 기세가 금방 꺾일 것이란 막연한 기대가 있었던 만큼 큰 대응을 하지는 않았던 것으로 보입니다만, 국내를 넘어 전 세계에서 벌어지는 현 상황을 보면 절대 중단기적으로 해결할 수 있는 문제가 아님을 인지함과 더불어 원활한 현금 확보가 불가능해져 재정상태의 급격한 악화로 이어지자, 여행 수요 심리 회복을 막연히 기다리는 것이 아닌 새로운 방식으로 수익을 창출하기 시작했습니다.

기내식을 이용하여 오프라인 식당을 운영하거나 도넛을 판매하는 것을 넘어 패션사업에까지 발을 들이고 있죠. 이외에도 목적지 없이 상공을 돌아 다시금 출발지로 돌아오는 비행상품 역시 없어서 못 파는 상품입니다. 안타까운 상황임은 분명하지만 앞으로 현 상황이 더 장기화된다면 항공사 이름을 걸고 어떤 사업까지 진출할지를 보는 재미가 더해질 듯합니다.

에어부산의 경우 국내 저비용 항공사로는 최초로 아시아나항공에 이어 목적지 없는 비행상품을 출시했습니다. 2019년 10월 31일 항공의 날을 기념한다는 명목으로 출시한 상품은 단시간에 매진된 아시아나항공의 상공 여행상품과 같이 시선을 끌었으나 이벤트에 사용되는 기종 대비 가격이 비싸다는 이유로 일부 부정적인 시선이 존재했음에도 11시 판매 시작과 함께 오전 중에 판매가 마감됐습니다.

물론, 이후 타 항공사를 포함하여 비슷한 색깔을 가진 상품이 꾸준히 출시되고 있으나 처음과 같은 호응을 얻지는 못하는 게 사실입니다. 면세품 구매가 가능해진 상공 여행상품 역시 마찬가지인 상황이죠. 그런데도 에어부산에서 직접 운영하는 유튜브에 출연하는 현직 승무원과 기장이 직접 해당 비행 편에 참여한다는 스케줄 등이 평소 해당 채널을 눈여겨봤던 소비자에겐 목적지가 없는 비행에 조금이나마 재미를 더하는 요소가 되기도 했습니다.

목적지가 없는 비행을 위해 돈을 지불하고 굳이 불편한 비행기를 체험 아닌 체험할 이유가 무엇이냐는 부정적인 시선과 함께 기내 감염 역시 안전이 보장되지 않는 상황에서 굳이 상공 여행상품을 판매해야 하느냐는 의견도 존재합니다만 여전히 수요가 있는 상품을 포기할 수 없을 만큼 바닥으로 떨어진 항공사에서 보이는 최소한의 노력인 만큼 그 누구를 탓하거나 비난할 수는 없는 문제가 아닐까 싶습니다. 물론 방역수칙을 누구보다 철저히 지킨다는 전제하에 말이죠.

소비자의 필요에 의해 발생하는 수요를 충족시키기 위해 만들어진 상공 여행상품은 어찌 보면 반대로 공급을 함으로써 수요가 만들어진 순서로도 이해할 수 있다고 생각합니다. 새로운 방향으로의 수익 창출을 위해 만들어낸 새로운 상품을 출시함에 따라 새로운 수요가 만들어졌기 때문이죠. 이외에도 에어부산을 비롯하여 일부 국내 항공사는 목적지 없는 여행상품을 넘어 승무원을 꿈꾸는 사람을 위한 프로그램 역시 제시하고 있습니다.

이미 일부 항공서비스학과에 재학 중인 학생 단체를 통해 시작된 에어부산 캐빈크루 스탠바이 상품은 일부 금액을 지불한 단체에 항공사 쇼업 라운지 및 트레이닝 센터 등을 공개함은 물론이고 상공 여행을 통해 승무원 업무를 일부 체험할 수 있는 구성입니다. 이 역시 취업을 준비하는 학생에게 다소 과도한 금액을 책정하여 장사하는 것이 아니냐는 비판이 나오고 있습니다만 공급자의 의도가 무엇이든 그 상품을 소비하는 것은 수요자의 판단인 만큼 자신의 판단에 의해 참여 여부를 고민하고 선택해야 할 일이라 생각합니다. 물론 필자는 긍정도 부정도 아닌 중립의 입장이며, 이러한 상품에 참여를 원하는 학생에겐 어떠한 점을 중점적으로 준비하고 참여해야 하는지에 대해 조언하기도 했으나 반대로 비판적 시선을 가진 학생 혹은 업계 관계자에겐 저 역시도 아쉬운 점에 대해 토로하기도 했습니다.

앞으로 감염병 확산에 대한 문제가 해결되어 항공산업이 정상화되는 시기, 즉 감염병 확산이 종식되는 것을 지나 항공기를 이용한 여행심리가 전과 같이 회복되기까지 얼마나 오랜 시간이 걸릴지는 아무도 예측할 수 없는 상황입니다. 스스로 판단하여 캐빈크루 스탠바이라는 이름으로 제시되는 해당 프로그램이나 타 항공사에서도 하는 체험비행에 참여하고 싶은 의지가 있다면 지불하는 금액 이상으로 값어치를 만들어내기 위한 준비가 필요함을 기억해야 합니다.

단순히 승무원을 가까운 위치에서 마주함과 동시에 이를 통해 내가 승무원이라는 직업을 준비하는 사람으로서 최근 흐트러진 정체성을 찾기 위한 목적이라면 조금 더 저렴하게 이용할 수 있는 일반 상공 여행상품을 이용하거나 차라리 가까운 공항 방문을 추천합니다. 그러나 여전히 스스로 이 직업을 위한 면접에 합격하기도 전에, 단순히 준비하는 모습을 나 스스로 혹은 내가 아닌 다른 누군가에게 내세우기 위한 목적으로 이 상품에 참여하고자 한다면 다시금 진지하게 고민할 필요가 있음을 주장합니다.

위와 같은 목적이 아닌 나 스스로 그들이 제시한 금액에 포함된 커리큘럼을 통해 확고하게 얻고자 하는 무언가가 있는 게 맞다면 아무런 준비 없이 단순히 그들이 제시한 프로그램과 그 시간에 맞춰 '나는 미래에 승무원이 될 인재야!'를 외치며 그날 얼마나 예쁘게 헤어와 메이크업을 해야 할지에 대한 고민만을 해서는 안 된다는 것이죠. 1년이란 장기 무급휴직을 권유하고 있는, 다시 말해 현직 승무원조차 앞날이 불투명한 시점에서 그들은 절대 가까운 미래에 필요한 예비 승무원 인력을 뽑기 위해 혹은 확인하기 위해 체험 비행상품을 출시한 것이 아님을 알아야 합니다.

막연한 기대에 25만 원을 투자할 만한 가치는 없다는 것이죠. 그러나 여전히 어려운 시기에도 변함없는 승무원이란 직업에 대한 의지와 마음가짐은 물론이며, 장단기적인 모든 관점에서 확실한 계획을 세우고 있는 사람임을 자부함과 동시에 이 과정에서 항공사가 제시한 지망생을 위한 커리큘럼을 똑똑하게 소비할 준비가 되어 있다면 여러모로 좋은 기회일 수 있을 것이라 확신합니다. 항공서비스학과를 넘어 승무원 면접을 명목으로 한 사설기관은 물론이고 일부 승무원 과외에서까지 항공사에서 판매하는 체험 비행상품의 최소인원을 맞추기 위해 외부 학생까지 끌어들여 모집에 나서는 해당 상품에서 항공사가 제시한 커리큘럼은 단순히 상공을 여행하는 것이 아닌 현직 승무원을 직접 마주하는 것을 시작으로 면접관으로 참여하는 실무 팀장급과의 만남과 함께 본사 사옥과 훈련센터를 방문하기도 합니다.

상공 여행 중에는 시간과 공간에 제약이 있는 만큼 모든 승무원 업무를 경험하기보단 대략적인 흐름을 알려주는 식으로 진행되죠. 가장 먼저 체험 비행을 진행한 에어부산에서 운영하는 항공기의 경우 신입 승무원 교육 중 평가를 목적으로 최초로 탑승하는 OJT 비행을 위해 두 명의 인원만 추가로 탑승해도 공간이 좁아 제대로 된 교육이 어려운 만큼 60명 이상의 인원으론 사실상 상공 여행 중 제대로 된 승무원의 업무를 체험하는 데 무리가 있을 수밖에 없습니다. 업무에 대한 흐름을 단순히 눈으로 새겨보거나 사실상 실제 면접과는 큰 접점을 찾을 수 없는 카트 서비스를 직접 해보는 정도에서 끝나게 됩니다.

승무원의 실제 업무를 승무원이 아닌 그저 지원자인 내가 직접 체험해 보기 위한 목적이 크다고 해도 해당 체험 비행상품은 사실상 만족을 얻기엔 공간과 시간 그리고 인원에 대한 문제로 인해 제한이 있지만 참여를 원하는 학생의 목적이 대부분 체험적인 부분은 크지 않은 만큼 문제되지는 않을 듯합니다. 체험에 대한 부분은 당일 그들이 제공하는 지식을 놓치지 않는 것으로도 충분히 값어치를 하지 않을까 생각합니다만 하나라도 더 직접 만져보고 체험하는 것보다 더 중요한 것은 그 과정에서 내가 막연하게나마 꿈꾸고 그려온 직업에 대한 실체의 일부분을 직접 눈으로 봄으로써 면접 준비에 대한 마음가짐과 의지를 더 굳건히 다질 것인지 혹은 더 늦기 전에 깨끗이 포기하고 더 잘할 수 있는 일을 찾을 것인지를 결정하는 중요한 잣대가 될 수 있을 것이란 점이 아닐까 싶습니다.

최소 한 달을 시작으로 최대 10년에 가까운 기간까지 승무원을 꿈꾸고 준비하여 합격한 사람 중에서도 누군가는 퇴사합니다. 퇴사자 역시 한때는 누구보다 간절한 마음을 내세우며 면접에 임했을 테죠. 세상에 존재하는 수많은 직업에는 퇴사자가 존재합니다. 그런데도 유독 승무원 퇴사가 주목받는 이유는 그만큼 경쟁률이 높고 하고자 하는 사람이 많아 합격하기 어려운데도 퇴사를 강행하기 때문이 아닐까 싶습니다.

모든 직업이 그렇듯 승무원 역시 퇴사에는 여러 이유가 존재합니다만, 그중 하나가 바로 직접 겪어보니 나와는 맞지 않는 부분이 많기 때문인 경우도 있습니다. 그건 어느 직업이나 마찬가지입니다. 지원자, 즉 어떠한 직업을 본인의 천직으로 삼기 위해 면접을 준비하는 과정에 있는 지원자의 시점일 때는 막연히 겉으로 보이는 부분에만 기초하여 직업을 꿈꾸지만, 실제 그 속에서 보는 세상은 너무나 다름은 물론이고 지원자 시절과 비교한다면 훨씬 더 거대한 실체와 마주할 수밖에 없는 만큼 나 스스로 그린 나와의 궁합이 맞지 않아 퇴사를 결정하게 되는 경우가 종종 발생합니다.

따라서 승무원 체험 비행상품을 통해 기대할 수 있는 또 다른 점은 모든 실체를 마주할 수 있는 커리큘럼이 될 수 없으나 단순히 승무원 혹은 면접관을 마주하여 그간 궁금했던 그러나 여전히 진부할 수 있는 질문을 주고받는 시간을 넘어 그들이 직접 교육을 받고 출근하여 비행기에 탑승한 뒤 서비스를 제공하고 그 이면에 안전이란 가장 중요한 목적을 달성하기 위해 어떠한 과정과 노력을 하는지 1% 내외의 내용이라도 직접 보고 느낄 수 있다면 그 시간은 분명 면접에 대한 준비를 계속하여 이어 가느냐 혹은 아니냐를 떠나 그것을 결정함에 있어 중요한 잣대가 되리라 생각합니다.

이 부분만을 집중하여 생각한다면 너무나 좋은 기회가 될 수 있는 상품임은 분명할 듯합니다. 물론 조금 안타까운 부분이 있다면 손님 모집과정의 투명성이나 금액에 대한 부분입니다만, 이와 같은 체험 비행을 출시한 항공사 역시 전에 없던 새로운 상품을 출시하여 처음 진행하는 이벤트인 만큼 시행착오 속에 발전하여 현직자들도 힘든 상황에서 이 상품에 투자한 시간이나 노력과는 달리 그 누구도 보살피지 않는 코로나 확산 속 '취준생'에게 도움이 되는 상품 혹은 이벤트가 기획되는 것을 넘어 포스트 코로나 시대를 맞이한 뒤에도 꾸준히 이어갈 수 있는 건강한 상품이 만들어지길 기대합니다.

승
무
원
2   0   2   1
트
렌
드

ANA 일본 항공사가
승무원을 지키는 방법

　　항공사를 운영하는 데 필요한 여러 직군 중 특히나 객실 승무원이란 직업에 조금이나마 관심이 있는 사람이라면 가질 수 있는 여러 궁금증 중에는 그들이 거주하는, 즉 거주지 위치와 승무원 월급 등에 대한 것도 포함됩니다. 막연히 그들이 사는 곳이 궁금한 것이 아닌 승무원은 공항과 공항에 있는 항공기에서 근무하는 것이 일반적으로 외부에 비쳐지는 모습인 데 반해, 항공사의 본사는 분명 공항이 아닌 다른 외부 지역에 있다는 것으로부터 의문을 느끼는 것이죠. 자연스레 승무원은 어디로 출근하며 또한 어디에서 거주하는지에 대해 궁금해할 수밖에 없습니다. 특히 이러한 궁금증은 이제 막 면접에서 합격하여 입사를 기다리는 상황에 있는 단계에서조차 모르는 경우를 간혹 보곤 합니다.

　　우선 일본 ANA 승무원은 물론이고 전 세계 대부분의 항공사에 소속된 승무원은 항공사마다 조금씩 명칭에 차이는 있습니다만, 승무원 라운지가 위치한 곳으로 출근하거나 비행 스케줄에 따라 바로 출발지 공항으로 출근하는 경우로 나뉘게 됩니다. 이는 항공사마다 차이가 있거나 동일한 항공사 내에서도 비행 출발시각 혹은 출발 공항이 어딘지에 따라 조금씩 차이가 있는 만큼 모든 항공사의 승무원이 라운지로 출근한다거나 반대로 공항으로 바로 출근한다고 말할 수는 없을 듯합니다.

라운지로 출근하는 경우 운항 승무원과의 브리핑까지 모두 마친 뒤 사내 리무진을 이용하여 공항으로 이동하거나 혹은 대중교통 편을 이용한 뒤 추후 사용한 교통비를 환급받게 됩니다. 공항으로 바로 출근하는 경우 게이트 앞 혹은 공항 내 항공사별로 마련된 사무실에서 브리핑을 마친 뒤 기내에 탑승하게 되죠. 장단점은 분명 존재하는 만큼 어떤 방식이 조금 더 좋은지 말할 수 없으나 분명한 것은 최대한 근무자의 효율성을 높일 수 있는 방법을 찾고자 노력한다는 것은 부정할 수 없는 사실일 듯합니다.

어디로 출근하는지에 관한 얘기에 이어 승무원이 되고자 면접을 준비하는 사람이 아니더라도 한 번쯤 궁금해할 수 있을 법한 거주지에 관해 얘기하고자 합니다. 특히 최근 코로나19 확산사태가 더욱 심각해진 일본 ANA 승무원의 경우 거주지에 대한 거리 제한이 일시적으로 풀렸다는 것을 함께 볼 수 있을 듯합니다. 우선 승무원의 거주지는 (국내상황을 참고하여 본다면) 승무원이 소속된 근무지의 공항 근처에 많이 분포

되어 있다는 것을 알 수 있습니다.

소속된 근무지라는 것은 결국 항공사에서 운영하는 여러 베이스 중 어디에 소속되어 근무하느냐를 뜻하게 됩니다. 서울과 김포 즉 인천공항과 김포공항을 베이스로 근무하는 승무원이 있지만, 부산 베이스로 김해공항을 베이스로 근무하는 승무원도 있기 때문이죠. 각자의 베이스에 따라 근무하는 공항 근처에 대부분 승무원 라운지도 있는 만큼 승무원 라운지 혹은 근무지 공항 등을 거점으로 거주지를 정하게 됩니다.

추가로 위에서 언급한 것과 같이 거리 제한이 있을 수밖에 없는 이유는 승무원 스케줄의 특성상 교통편이 열악한 새벽에도 출근해야 하기 때문은 물론이며, 실제 비행이 아닌 비행 스케줄에 배정된 일부 근무자가 사정에 따라 스케줄에서 빠지게 되는 경우에 대비해 갑작스럽게 비행하러 가야 하는 대기인원으로 분류되는 스탠바이 스케줄을 위해서도 공항 근처에 거주해야 하는 규정이 있는 것이 보통입니다.

거주지 위치를 제한하는 거리의 기준점이 되는 장소 역시 항공사마다 조금씩 다릅니다만, ANA 항공 승무원의 규정을 살펴보자면 나리타국제공항과 하네다국제공항을 기준으로 100km 이내에 거주해야 한다는 것을 알 수 있죠. 사실상 국내 항공사는 물론이고 이외 다른 항공사 역시 크게 다르지 않은 편입니다.

승무원 스케줄이 가진 여러 특성을 바탕으로 거주지의 거리 제한이 있는 만큼 승무원은 합격하면 거주지를 옮기는 경우를 쉽게 볼 수 있죠. 그러나 2020년 하반기 일본 ANA항공은 승무원의 월급과 비행

시간을 향후 2년간 조절함에 따라 거주지의 거리 제한 역시 일시적으로 완화한다는 것을 밝혔습니다. 2021년 4월부터 2년간 진행되는 사항으로 감염병 확산에 의해 항공수요가 감소하며 정상적인 국내선 그리고 국제선의 운영이 어려워진 만큼 수많은 승무원이 잉여인력으로 분류되었죠.

이러한 이유로 인해 자연스레 구조조정에 대한 불안이 커졌으나 인력 손실을 최대한 줄이기 위한 우선 방안으로 비행시간을 50% 줄인 만큼 임금, 승무원 월급 역시 50% 줄이는 방안을 내놓았습니다. 근무일수가 80% 줄어드는 경우 월급 역시 75% 이상 줄어들게 되는 구조인 듯합니다. ANA 승무원 역시 일반적인 다른 항공사와 같이 전달 마지막 주에 다음 달 비행 일정을 받는 것으로 알려져 있죠. 한 달 전에 받게 된 비행 스케줄과 휴무를 바탕으로 항상 유동적일 수 있다는 불안감 속에 일정을 미리 짜고 조율했던 삶을 살았으나 2021년부터 시행될 것으로 판단되는 비행 스케줄 배정으로 당분간은 유동적인 스케줄에서 벗어날 수 있다는 것을 짐작게 합니다.

항공 승무원이 전문직이라고는 절대 말할 수 없으나, 여전히 이들 역시 합격 후 일정 기간 교육을 수료한 뒤 국가로부터 라이선스를 취득한 자만이 실제 비행에 투입될 수 있는 만큼 양성하기까지 적지 않은 투자가 필요한 직군입니다. 이로 인해 ANA 역시 언제든 다시 채용할 수 있다는 방향으로의 생각보단 최대한 인건비 손실을 줄일 방법으로 위와 같이 스케줄과 임금을 일시적으로 조절하거나 다른 기업에 파견하는 등의 여러 전략을 펼치고 있다는 것을 알 수 있습니다. 물론 항공사의 존폐 위기 앞에 구조조정 등과 같은 방법으로 몸집을 줄여 손실을 최소화해야 한다는 것은 부정할 수 없는 사실이지만 ANA의 행보와 같이 항공사가 항공사에 소속된 객실 승무원이라는 인력의 손실을 최소화하기 위해 할 수 있는 여러 방향으로 최선을 다하고 있는 점은 충분히 타 항공사에서 참고할 수 있는 사안임이 분명해 보입니다.

승 무 원 트 렌 드

2   0   2   1

9시간 만에 완판?
싱가포르 항공 승무원 훈련센터 공개!

　여객 혹은 화물을 싣고 출발지와 도착지가 존재하는 항공교통 여행을 제공해 수익을 창출하는 항공사의 경우 각자가 속한 국가, 즉 기업의 국적에 따라 자연스레 시장의 분위기 역시 다를 수밖에 없는 만큼 감염병 확산으로 인한 항공수요 증발이라는 문제점을 모두가 같이 마주했음에도 불구하고 각자가 처한 위기는 각기 다른 성격을 가질 수밖에 없으리라 생각합니다.

　나라와 나라를 잇는 여러 교통수단의 발전 중 가장 큰 역할을 했다고밖에 볼 수 없는 항공기를 이용한 사업을 하는 항공사인 만큼 항공시장의 경우 국제화에 따라 전체적으로 같은 흐름에 따라 움직이는 것이 일반적입니다만, 여전히 나라마다 가진 시장의 차이는 분명히 존재하겠죠.

나라마다 형성된 항공시장에 조금씩 다른 차이를 만들 수밖에 없는 특성 중 각 국토의 특성에 따라 항공사를 운영하며 영향을 받는 내용, 즉 그것이 부정적이었든 긍정이었든 이에 대한 차이를 떠나 현재의 위기 속 국토의 특성이 다소 부정적일 수밖에 없는 상황이 연출되는 사례로 싱가포르 항공을 가장 먼저 꼽을 수 있을 듯합니다.

　　국토의 특성이라는 것은 결국 어떠한 것에 조점을 두느냐인 관점의 차이일 수밖에 없으나 항공시장에 불어닥친 위기 속 싱가포르 항공에 부정적으로 작용하는 특성은 국토의 크기에 관점을 두는 것이 아닐까 싶습니다. 싱가포르가 가진 국토의 특성상 국내선을 운영할 수 없다는 것이 그동안 사실 더 많은 수익을 창출할 수 있는 조건을 가진 국제선을 집중할 수 있게 했던 장점이 되기도 했으며, 아시아와 유럽 그리고 중동을 잇는 위치의 특성상 환승장사를 위한 허브공항의 역할을 했던 것이 수익 창출의 원인이 되어왔죠. 물론 현재도 싱가포르라는 국가의 위치가 달라진 것은 아니기 때문에 한·중·일 주요 공항의 공세가 이어질 것이 예상됨에도 불구하고 이 점에 대해서는 앞으로도 큰 이변이 일어나기는 힘든 장점 중 하나가 아닐까 싶습니다.

　　그러나 현재의 시점만을 놓고 생각한다면 분명 국토의 크기에 따라 그리고 시장의 수요상황에 따라 국내선이 없는 것은 분명 위기 극복에 있어 아쉬움을 느낄 수밖에 없는 부분이라 생각합니다. 그런데도 싱가포르 항공의 경우 2000년대 초 저비용 항공사의 등장으로 늘어난 항공여행 수요에 의해 시장점유율에 위기를 느낀 상황에서도 오히려 그들이 할 수 없는 고급화 전략을 내세우기 위해 가장 먼저 A380을 도입하였고, 최근 사례를 찾아본다면 벼랑 끝에 몰린 항공시장 상황 속에서 대안으로 떠오른 트래블버블이 조금씩 언급되기 시작했으나, 일분일초가 시급한 상황 속 눈치싸움이 계속되며 도입이 늦어지는 대부분의 국가 상황과는 달리 관련 업계의 활발한 움직임을 통해 싱가포르와 홍콩을 잇는 트래블버블 속 여행 재개에 큰 역할을 한 것으로 현지 평가를 받고 있습니다.

물론 트래블버블로 여행을 재개한 것에 대해 속단하기는 이릅니다. 다만, 위드 코로나를 외치는 것과 같이 항공시장 회복을 위해 제시된 여러 전략은 빠른 판단과 시행이 중요할 수밖에 없는, 다시 말해 시기를 놓치면 사실상 아무런 의미가 없을 수밖에 없는 사안이기 때문에 이처럼 역사 속 싱가포르 항공의 여러 발자취를 통해 위기 속에서도 강한 항공사의 면모를 엿볼 수 있을 듯합니다. 그러나 규모의 경제를 실현하는 항공사일수록 운영에 필요한 자산, 즉 항공기 유지비, 인건비 등과 같은 고정비용이 높기 때문에 현재의 위기를 더 큰 충격으로 흡수할 수밖에 없습니다.

19대의 A380을 포함하여 현재 100대가 넘는 기체를 보유하고 있으며, 스쿠트 항공과 실크 항공을 그룹 내 자회사로 두고 운영하는 만큼 정상적인 국제선 운영을 하지 않더라도 항공사를 정상적으로 유지하기 위한 고정비용의 규모가 클 수밖에 없는 상황입니다. 그룹 내 4,000명이 넘는 인원을 대상으로 한 대규모 구조조정은 물론이며, 사실상 대부분의 인력이 현재 무급휴직 상태로 전해집니다. 싱가포르 항공 역사상 가장 큰 인력 감축을 해야만 하는 위기임은 누구도 부정할 수 없는 사실이나 여전히 위기 속 강한 면모를 드러내기 위해 아시아 최고의 서비스를 제공하는 항공사라는 콧대를 잠시 내려놓고 할 수 있는 최선을 다하고 있는 움직임이 포착되고 있습니다.

경쟁사회 속 수많은 항공사가 서로 가장 좋은 서비스와 안전을 보장하는 듯한 경쟁을 이어가는 상황에서 안전과 서비스를 하게 되는 인력을 키워내는 훈련시설 혹은 훈련과 관련한 자산을 외부에 공개하는 것은 쉬운 일이 아니리라 생각합니다. 그간의 사례만을 놓고 보더라도 절대 외부에 공개하지 않는다고는 볼 수 없으나 여전히 항공사 입장에선 기밀시설로 분류할 수밖에 없는 곳이라 판단됩니다. 특히나 대부분의 일반적인 항공사에서 신입 승무원을 교육하는 항공사 내 교관, 즉 인스트럭터 역시 싱가포르 항공 내 승무원 양성을 위한 교육시설과 프로그램 등에 대해 인정하거나 혹은 그들의 기술을 알고자 하는 것이 사실이죠.

교관의 자격으로 그곳을 견학했던 사람들의 후기를 참고해 보더라도 항공사의 위치를 짐작게 합니다. 매우 드물지만 동 업계 종사자에게 견학을 명목으로 공개되는 경우가 있는 듯합니다. 물론 동등한 위치에서 방문하기보단 선진화된 시스템을 보기 위한, 다시 말해 경쟁상대로 다소 보기엔 무리가 있는 위치의 항공사 관계자가 방문하는 것 정도로 이해할 수 있을 듯합니다. 항공사를 평가하고 순위를 발표하는 사이트인 스카이트랙스에 의해 선정되는 5성급 항공사 중 한 곳으로 꼽히는 싱가포르 항공인 만큼 특히나 승무원의 능력, 즉 기내 서비스는 물론이고 안전과 관련한 평가에서 항상 상위를 독점하는 곳에서 이들을 양성하는 훈련센터를 이벤트성으로 공개한 이번 소식은 사실상 항공 관련 직업을 준비하는 특히나 외항사 채용을 준비하는 학생이라면 관심을 가질 수밖에 없는 소식일 듯합니다. 이미 종사 중인 현직자들조차도 궁금한 곳일 수밖에 없기 때문입니다.

물론 교육과 관련한 세부적인 사항을 공개하는 것이 아닌 시설 중 일부 공개 및 체험 행사이지만, 여전히 싱가포르 항공과 관련이 없다는 기준에서 일반인으로 싱가포르 항공 승무원의 훈련시설을 방문할 수 있다는 것은 매우 드문 기회임은 분명하죠.

항공수요가 사라진 상황에서 국내선을 운영할 수 없음에도 불구하고 지상에서 항공사라는 조건을 바탕으로 수익을 창출할 수 있는 최대치를 보여주는 사례가 아닐까 싶습니다. 2020년 11월 21일과 22일 그리고 11월 마지막 주 주말인 28일, 29일로, 하루에 500명의 인원을 최대로 수용할 수 있다고 합니다. 훈련센터를 공개한 이벤트의 예약은 시작과 동시에 9시간 만에 완판되기도 했습니다. 유명인이 등장하는 쇼가 아닌 그저 항공사의 훈련시설을 공개하는 이벤트임에도 불구하고 수많은 관심을 받고 있다는 것을 짐작할 수 있습니다. 추가금이 있습니다만, 금액을 추가로 지불하고 참여할 수 있는 프로그램이 다양하다는 점을 확인한다면 충분히 이번 관심은 이해되는 것이 사실이죠. 형식적인 견학수준이 아님을 알 수 있었습니다.

식사와 함께 제공된 선물과 같은 혜택을 포함한 기본 표 가격은 성인 기준 30달러입니다만, 방문 시 참여할 수 있는 여러 프로그램의 경우 추가금이 요구됩니다. 추가금에 따라 운항 승무원의 업무를 체험할 수 있는 시뮬레이터를 30분간 경험할 수 있는 것은 물론이며, 객실 승무원 체험 행사는 싱가포르 항공을 대표하는 단어로 볼 수 있는 시아걸의 유니폼인 케바야 증정이 포함되었습니다. 기내에서 제공되는 와인을 체험하고 승무원의 어피어런스를 직접 체험할 수 있는 그루밍 체험이 있으며 식사가 포함된 이번 이벤트에서는 실제 싱가포르 항공의 3시간 30분 이하 단거리 비행에서 제공되는, 그러나 전과 달리 새롭게 바뀐 패키지를 적용한 기내식을 경험했습니다. 단거리 노선에서 제공되는 일반석의 기내식은 플라스틱 사용을 줄이기 위한 목적으로 대나무를 이용한 포크와 칼, 그리고 종이를 사용하여 만든 것으로 추정되는 패키지로 포장한 음식을 제공했죠. 이를 통해 플라스틱 사용을 줄임과 동시에 실제 새로운 패키지로 기내에서만 제공되는 기내식을 이벤트 참여자에게 제공함으로써 가스 배출의 주범으로 전락한 항공사의 환경보호 활동이 중요해진 시점에 조금이나마 이들의 노력을 내비칠 기회가 되었으리라 판단됩니다.

신입 승무원을 양성하기 위한 초기 교육은 물론이고 주기적으로 법적 기준에 따라 매년 자격을 유지하기 위한 교육을 하게 되는 훈련센터를 공개함으로써 그간 항공사, 특히나 객실 승무원이라는 직군에 관심이 있던 사람에게 좋은 기회와 추억을 부여함으로써 유료 이벤트임에도 일정 수익을 창출하게 되며 지상에서 항공사라는 조건에서 만들 수 있는 수익을 창출하기 위한 노력에 조금이나마 도움이 되는 결과를 낼 수 있으리라 생각합니다.

물론 현금 자산을 확보하기 위한 여러 노력 중 하나로 지상에서 계획해 볼 수 있는 여러 이벤트 중 항공사 처지에서 본다면 기밀시설일 수밖에 없는 트레이닝센터를 공개한다는 것이 큰 부담이 되는 것은 분명하지만, 시설 공개범위는 물론이고 공개 내용 역시 한정하여 소비자의 관점에서 방문장소로부터 기대하여 결과적으로 만족을 느낄 수 있는 유익한 프로그램을 구성할 수 있다면 충분한 수요를 확보함과 더불어 회사는 기밀과 관련하여 그 어떠한 손실도 없이 지상에서 발생할 수 있는 수익을 창출할 수 있는 또 하나의 새로운 방법이 될 수 있다는 교훈을 통해 국내 항공사 역시 상공 여행상품 구매자 중 일부 선착순 구매자에게 센터를 잠시나마 공개했던 것 혹은 항공 서비스학과를 대상으로만 진행하는 체험 비행 등에서 더 나아가 싱가포르의 사례를 참고한다면 규모나 내용 면에서 더 알찬 이벤트가 진행될 수 있을 듯합니다.

승
무
원
트
렌
드

2   0   2   1

항공사 줄도산 위기 속 찾아온 희망?
트래블버블(Travel Bubble)

2019년 하반기를 시작으로 해가 바뀐 뒤 또다시 하반기를 맞이한 2020년을 지나 2021년을 맞이하는 현재, 감염병 확산에 대한 문제와 우려는 여전히 전 세계에 공통된 주제가 아닐까 싶습니다. 그러나 감염병이라는 하나의 공통된 주제를 가지고도 초기 확산 시점부터 현재까지 나라별 대응은 비슷한 듯 다른 행보를 보인다는 점은 또 하나의 논란이자 주제가 되는 상황입니다. 지금은 무엇이 정답인지 그 누구도 확신할 수 없습니다만, 확실한 것은 또다시 가까운 혹은 먼 미래에 세계적인 위기가 발생한다면 더욱더 현명하게 대처하기 위해 각국별 다른 대응을 분석하고 평가함으로써 다음 위기에 조금은 더 올바른 준비를 하기 위한 초석이 될 수 있을 것이라는 점은 부정할 수 없는 사실일 듯합니다.

이러한 상황 속에서 최근 기약 없는 위기에 빠진 항공사와 이들이 속한 큰 그룹으로 볼 수 있는 항공 그리고 관광업계는 트래블버블에 대한 기대를 걸고 있다는 움직임을 쉽게 포착할 수 있습니다. 트래블버블은 감염병 확산 위기 속에서 만들어진 신조어입니다. 앞서 아시아보다 조금 앞서 트래블버블에 대한 논의가 이뤄진 뒤 발트해 동쪽 3개의 국가에서 처음 단어가 사용된 것이라 알려져 있죠. 유래가 무엇이든 결국 쉽게 이해하기 위해서 가장 먼저 상상해야 할 것은 'Bubble'이라는 단어를 통해 알 수 있듯 풍선 혹은 코팅된 습기 방울입니다. 습기 방울과 풍선 등은 터지지 않는 이상 공기 중 바람에 의해 어디로든 쉽게 이동할 수 있습니다만, 습기 방울 속 혹은 풍선 속에는 아무나 들어갈 수 없죠. 결국 합의된 국가 간에 이동하되, 합의된 국가의 사람들만이 그 속에 탑승할 수 있다는 것으로 이해할 수 있습니다. 말 그대로 벼랑 끝까지 내몰린 항공사에서 대규모 구조조정에 의한 대량 실직자를 발생시키거나 최악의 결과로 볼 수 있는 파산이라는 결론이 나오기 전, 그 위기를 조금이나마 버티기 위한 전략이자 더 나아가 국가 간 교류의 불씨를 이어가기 위한 또 하나의 새로운 길이라는 평가를 받는 것이 트래블버블입니다.

이미 여러 항공 경영과 관련한 전문가와 현직자에 의해 여객 수송을 목적으로 출발지와 도착지를 연결하는 항공편을 제공하는 항공사의 순기능을 잃은 도착지가 없는, 즉 상공만을 여행하고 돌아오는 상품은 한계가 있음이 지적되고 있죠. 상공 여행상품은 위의 순기능과 관련한 우려 이외에도 모든 항공사가 현재 같은 위기 속에 놓여 있는 만큼, 그저 비행기를 체험하고 상공만을 돌아 다시금 돌아오는 상공 여행상품은 수요가 적을 수밖에 없을뿐더러 관련 상품을 기획하여 출시하는 항공사가 많아질수록 결국 그 결과는 과당경쟁 및 흥미가 줄어듦에 따라 자연스레 수요 상실이라는 결과를 보일 수밖에 없다는 것이 현실이 아닐까 싶습니다. 물론 초기 단순 상공 여행상품을 넘어 관련 상품을 출시하는 후발 주자의 경우 내부에서 이벤트를 진행하거나 출발 전 일부 승객에게 사옥을 공개하는 등의 아이디어가 더해지고 있습니다만, 어디까지나 일회성에 그칠 수밖에 없는 한계가 있는 것으로 보입니다.

이처럼 여러 전문가에 의해 다소 부정적인 시선으로 평가되는 상공 여행상품을 넘어 현재의 위기 속에서 조금이나마 숨통을 트기 위한 유일한 전략으로 평가받는 것이 트래블버블에 의한 항공수요인 듯합니다. Travel bubble과 관련한 정보를 찾는다면 알 수 있는 것 중 하나는 바로 아시아 국가에서 논의가 시작되기 전 위에서 언급했던 것과 같이 올 상반기 리투아니아, 에스토니아, 라트비아로 구성된 발트 삼국에서 이미 트래블버블을 시작했다는 것이죠. 이외에도 호주와 뉴질랜드 역시 같은 논의를 시작하여 시행하는 것으로 전해집니다. 핀란드와 폴란드 역시 감염병 확산 추세에 따라 트래블버블을 논의할 것이라는 의견을 냈습니다. 양국 간에 합의를 통해 진행되는 트래블버블은 결국 가장 중요한 점이 있다면 위에서 언급된 국가와 같이 가까운 거리에 있어야 한다는 점 그리고 서로 신뢰할 수 있을 만한 방역을 유지하는 것이 아닐까 싶습니다.

　　양국 간 신뢰를 바탕으로 충분한 합의를 통해 진행되는 만큼 허락된 여행자에게 주어지는 혜택은 현재 자가 격리기간으로 제시되는 2주라는 시간을 면제받는 것입니다. 가까운 예로 해외여행을 하기 위해 상대 국가를 방문한 뒤 2주라는 시간을 호텔에 갇혀 자가 격리를 해야 한다면 웬만한 현대 사회인으로서는 불가능한 기간이기 때문이죠. 2주간의 자가 격리기간이 면제되는 만큼 면역 여권을 소지한다고도 볼 수 있습니다. 그러나 이러한 혜택이 주어지는 만큼 상대국에 입국하기 전 그리고 여행 중 그리고 후까지 요구되는 절차에 대한 준수가 필요합니다.

　　입국 전 검사를 통해 음성을 증명하고 여행 중에는 애플리케이션을 다운받아 위치와 증상을 기록하는 등의 내용이 아닐까 추측합니다. 아시아 국가에서도 최근 트래블버블을 논의하고자 하는 움직임이 활발해지고 있습니다. 항공사 및 항공산업과 함께 움직이는 관광업계 관계자들의 꾸준한 요구가 있기 때문이 아닐까 싶습니다. 더 가만히 앉아만 있을 수 없는 수준의 위기인 것만은 확실하기 때문이겠죠.

　　비교적 감염병 확산에 대한 방역수준이 나쁘지 않은 것으로 평가되는 홍콩, 대만, 한국 그리고 싱가포르, 태국 등에서 관계자들에 의한 합의가 이뤄지는 것으로 전해집니다. 국내에서도 현재 싱가포르 등과 논의가 있었던 것으로 보이나 구체적인 진행상황에 대한 발표는 아직 없습니다. 싱가포르 역시 내부에서 실시된 조사에서 자가 격리 없이 여행할 수 있는 트래블버블 체결 희망 국가 1위로 한국이 뽑히기도 했기 때문에 긍정적으로 지켜볼 수 있을 듯합니다. 이외에도 논의 중인 인도네시아의 발리 역시 괌, 사이판 그리고 보라카이, 다낭 등에 이어 꾸준한 수요가 있음과 동시에 비교적 인지도 역시 높은 점 그리고 국내 서핑 수요가 빠르게 증가하고 있다는 점 등으로 인해 대유행이 예상됐으나, 6시간 이상이라는 짧지 않은 비행시간과 직항 운영 항공사가 다양하지 않다는 점 등으로 인해 인기에 비해 국내 수요가 아쉬운 곳 중 하나가 아닐까 싶습니다. 만약 트래블버블에 의해 인도네시아 여행이 가능해진다면 발리의 경우 휴양과 유흥을 함께 즐길 수 있는 다른 경쟁 여행지가 없는 틈을 노려 때아닌 수요 성장을 이뤄낼 수 있는 도시가 아닐까 추측해 봅니다. 그러나 이 모든 얘기는 어디까지나 현재 논의단계에 있는 트래블버블에 대한 양국 간 이해관계가 모두 정리된 시점에서나 기대할 수 있는 사안입니다. 특히나 모든 논의가 끝나 실제 운영에 들어간다고 해도 전 세계에서 꺾일 줄 모르고 더욱더 가팔라지는 감염병 확산세 속 위축된 여행심리가 회복될 수 있을지도 의문이죠. 물론 어디까지나 객실 승무원과 지상직 그리고 더 나아가 항공사 채용을 준비하는 단계에 있는 사람의 관점에서 이 소식은 긍정적일 수밖에 없는 내용입니다.

감염병 확산에 대한 전 세계 추세와 달리 방역 성공을 알리는 국가 역시 일부 늘어나고 있으며, 백신 접종 역시 느리게나마 시작되었기 때문에 새로운 소식 역시 하루가 다르게 전해지는 듯 보이는 만큼 이와 맞물려 여행심리와 수요 회복을 위한 움직임 역시 이렇게나마 포착된다는 것은 그만큼 시장 회복 역시 가까워짐을 의미합니다. 여전히 일시적인 혹은 전과 비교하면 매우 미미한 수준에서 항공수요가 회복한다고 하여 채용시장에 당장 큰 변화를 가져올 수는 없습니다. 그러나 감염병 확산 전에 채용되어 입사 혹은 입사 교육이 연기된 기수에 대한 교육 재개 역시 논의되거나 얘기가 나오므로 희망적인 소식임은 부정할 수 없는 사실인 만큼 시장 변화에 대한 움직임을 놓치지 말기 바랍니다.

트래블버블을 위한 뉴노멀(The New Normal)
비행 속 승무원

감염병 확산에 대한 문제가 끝날 수 있을지에 대해 그 누구도 예
상할 수 없는 시점인 현재를 기준으로 안정성에 대한 의문은 물론이고
더 나아가 대량생산, 유통구조, 운반 등의 복잡한 조건 등으로 인하여
2020년 하반기를 시작으로 전 세계 언론에 의해 순식간에 쏟아진 여
러 보도가 백신 상용화를 고조시킨 분위기와는 달리 사실상 수개월에
서 길게는 수년이라는 시간이 더 필요하다는 것을 잊게 하는 듯합니다.
특히나 미국과 영국을 시작으로 일부 선진국의 백신 접종이 시작되었
으나 바이러스가 종식되기까지 선진국은 물론 빈곤 국가까지 모두 접
종할 수 있을지에 대한 의문과 함께 모두 접종을 마칠 수 있더라도 소
요될 시간 그리고 더 나아가 백신의 안전성조차 꾸준히 도마 위에 오르
는 만큼 백신만이 답이라 여기며 이를 기다려온 항공시장 내 기대감 역

시 초기와 달리 기대가 낮아진 상황이죠. 특히나 백신 사용 앞에 누구나 평등하기 위한 노력을 꾸준히 이어가는 세력이 존재합니다만, 여전히 자금력을 앞세운 강대국의 백신 우선 선점이 불가피할 듯 보입니다.

중요한 것은 감염병 확산사태를 완벽히 잠재우기 위해 소수의 국가에서 백신을 먼저 맞았다고 하여 언제든 국가 간 이동이 쉬운 현대사회에선 모든 게 해결될 만큼 단순한 문제는 아니기 때문에 전 세계 곳곳에서 바이러스 확산을 막기 위한 백신 상용화가 이뤄지기까지 더 나아가 가장 큰 타격을 입고 있는 항공시장이 회복되기 위한 수요 심리가 살아나기까진 더 많은 시간이 요구될 수밖에 없다는 것입니다.

일부 비대면 전략의 확대로 수혜를 입은 기업이 속한 산업을 제외한다면 사실상 타격을 입지 않은 업계를 찾기가 더 어려운 상황입니다만, 여전히 그 중심에 있는 것이 항공시장인 만큼 오래가지 못하고 모든 것이 해결될 것이라 믿었던 감염병 확산 초기에 등장했던 포스트 코로나를 대비해야 한다는 목소리를 넘어 현재를 버티고 살아내기 위한 위드 코로나를 요구하는 움직임이 본격화되고 있습니다. 물론 다소 조심스러운, 그러나 어느 정도 확실한 안전이 보장되어야 한다는 주장이 강한 국내 정부와 관련 기관의 경우 위드 코로나의 가장 대표적인 전략 중 하나인 트래블버블을 위한 움직임에서 소극적인 편인 듯 보입니다.

벼랑 끝에 선 것과 같은 국내 항공, 여행 관련 시장의 현직자들에 의해 꾸준히 요구되어 정부기관과 논의단계까지 이른 듯합니다만 실제로 확인할 수 있을 만한 결과는 나오지 않은 게 사실입니다. 트래블버블 시대를 알린 일부 북유럽권 항공사와 호주 등은 비교적 방역이 우수한 국가 간 신뢰를 바탕으로 각국의 규칙에 맞게 항공여행을 이어가고 있으며, 아시아의 경우 싱가포르와 홍콩 간에 체결한 트래블버블이 선발주자로서 평가받게 될 듯합니다. 아시아 시장만을 국한해 본다면 홍콩의 캐세이퍼시픽과 싱가포르의 싱가포르 항공을 통해 진행될 트래블버블의 결과에 대한 평가를 바탕으로 대만, 태국, 한국 등 상대적으로 방역이 나쁘지 않은 것으로 보이는 국가 간에 논의 중인 트래블버블이 더욱 속도를 낼 수 있으리라 판단됩니다.

도착지에서 격리조치를 취하지 않아도 된다는 것을 바탕으로 일반적인 여행이 가능하지만, 그 과정에는 수많은 변화가 따르는 뉴노멀 비행시대가 시작됐다고 볼 수 있죠. 평상시와 같은 항공여행이 가능하다는 것을 바탕으로 여러 변화가 이뤄지는 트래블버블 시대의 비행에서 항공 승무원의 역할을 생각한다면 그들이 승객을 대면하여 응대하는 일을 하는 기내에서 이뤄지는 기내 서비스 역시 여러 변화를 예고하고 있습니다.

이와 관련하여 싱가포르 항공은 최근 뉴노멀 시대의 기내 서비스를 일부 언론을 통해 공개했습니다. 트래블버블 시대가 시작됨에 따라 기내 서비스 역시 달라질 수밖에 없는 만큼 모든 노선이 국제선이자 전 세계 그 어떤 항공사보다 기내 서비스의 품질을 강조하는 싱가포르 항공은 더욱더 철저한 변화에 대비하는 모습을 확인할 수 있습니다. 뉴노멀 시대의 비행에 대비하는 승무원을 비롯하여 공항 관계자의 현장 인터뷰를 통해서도 알 수 있듯이 기내 서비스 등은 결국 철저한 방역수칙이 수반되어야만 항공수요 회복에 큰 역할을 할 수 있으리라는 기대를 할 수 있습니다.

주제에서 다소 벗어난 얘기일 수 있으나 국내 항공사 역시 언론 혹은 다양한 SNS 채널과의 적극적인 협업을 통해 잠재적인 소비자와 소통할 수 있는 기회가 더 많아지길 바라는 대목이 아닐까 싶습니다. 우선 인터뷰 속 싱가포르 항공 남자 승무원을 통해 공개된 트래블버블이 시작된, 다시 말해 뉴노멀 비행이 요구되는 앞으로의 비행에서 달라지는 기내 서비스 중 비즈니스 클래스와 같은 상위 클래스의 서비스를 볼 수 있습니다. 물론 상위 클래스 탑승 승객의 경우 하위좌석 등급의 서비스와 달리 승객 한 명 한 명의 이름을 정성스럽게 불러준다는 것 그리고 개개인의 좌석까지 안내한다는 점은 변화가 없습니다.

또한, 기내식을 제공하면서 상위 등급의 경우 코스별 요리가 시간 간격을 두고 제공됩니다만, 이러면 여러 번 불필요한 대면이 반복되는 만큼 트래블버블 속에서 진행되는 비행 그리고 어쩌면 앞으로 뉴노멀 비행에서는 한 번에 모든 음식을 제공하는 방식으로 변경될 겁니다. 기내식을 제공하는 방법에서부터 변화가 이뤄지는 만큼 복잡한 비행 속 복잡한 업무단계에 변화가 있을 수밖에 없겠죠. 이는 결국 여러 단계가 추가되거나 혹은 평상시보다 더 많은 시간을 요구할 수밖에 없는 만큼 전보다 업무 강도가 더 올라갈 수밖에 없음을 짐작게 합니다. 영상 속 설명과 같이 복장 역시 전에 없던 마스크는 물론이며 고글 그리고 음식 제공 시에는 라텍스 장갑까지 착용하며 기내 서비스를 해야 하기 때문이죠.

특히나 방역과 관련된 여러 지침은 국가로부터 혹은 관련 기관으로부터 혹은 항공사로부터 혹은 공항으로부터 쏟아질 수밖에 없기 때문에 시시각각 변화되는 정책에 맞는 기내 방송문, 기내 서비스 절차 등을 빠르게 습득해야 하므로 더 큰 노력이 요구되는 시점이 아닐까 싶습니다. 물론 이러한 지침 변화는 평시에도 자주 발생하는 일상이기 때문에 관련 정보를 항상 예의주시하는 자세는 승무원에게 기본적으로 요구되는 자질 중 하나가 아닐까 싶습니다.

비행에 필요한 안전장비 및 서비스 용품 등을 확인하고 승객의 탑승을 도와 이륙하여 목적지에 도착한 뒤 마지막까지 항공기 보안을 점검하는 과정에 승객이 보는 기내에서의 단편적인 모습만을 놓고 얘기한다면 사실상 항공 승무원의 업무는 실제 그들이 소모하는 체력보다는 작게 인식될 수 있으나, 여전히 승객이 볼 수 없는 그러나 안전하고 편안한 비행을 위해 필수적으로 요구되는 시간에서의 노고가 없지 않기 때문에 더 많은 과정과 행동이 요구되는 뉴노멀 비행에서도 앞서나가기 위해 타 항공사보다 더 빠르게 시작한 것으로 보이는 싱가포르 항공입니다.

트래블버블 속 싱가포르 항공의 뉴노멀 비행이 높은 평가를 받게 된다면 그 결과를 바탕으로 한국을 포함한 일부 논의단계에 있는 국가 간 체결이 속도를 내어 항공여행 수요가 조금이나마 회복될 수 있는 계기가 될 수 있을지는 조금 더 지켜봐야 할 듯합니다. 결국 중요한 것은 뉴노멀 비행이란 이름으로 추가된 업무 절차와 방식 그리고 새롭게 습득해야 하는 기술과 지식 등이 객실 승무원에게 중요하게 요구된다는 점을 기억하기 바랍니다.

기약 없는 핀에어의
부산 신규 취항

　감염병 확산에 대한 우려가 본격화되기 전으로 볼 수 있는 2019년 하반기에는 승무원 채용과 관련한 몇 가지 논란이 업계 종사자와 학생들 사이에서 꾸준히 언급됐습니다. 물론 업계의 설명할 수 없는, 다시 말해 정확히 정의할 수 없는 어떤 특성상 작은 틈이라도 주어진다면 특정 주제를 두고 금세 각자의 입맛에 맞춰 처음 모습과는 달리 불어난 눈덩이처럼 살이 붙어 사실과 다르게 퍼져나가는 것이 다반사이기 때문에 특정 기간과 사건을 꼽아 논란이라고 말하는 것도 사실은 큰 의미가 없어 보이긴 합니다. 그런데도 2019년 상반기 이후로 항공사 채용 소식이 자취를 감춘 상황에서 등장한 핀에어 승무원 채용은 발표되기 전부터 이미 아는 사람은 다 알고 있을 만큼 화제가 되었기 때문에 관심의 정도만 놓고 보더라도 자연스레 여러 논란이 쫓아다닐 수밖에 없음을 이해합니다. 그도 그럴 것이 당시 핀에어 한국인 승무원 채용은 한국을 베이스로 하는 채용으로만 본다면 7년 만에 진행했기 때문에 더더욱 화제와 논란의 중심에 있을 수밖에 없었죠. 그 시작은 사설기관의 채용 대행이었던 것으로 보입니다.

국내에서 진행하는 외항사 승무원 채용은 과거와 같이 사설기관에 대행을 맡겨 진행하는 경우가 많았습니다. 물론 최근까지의 추세를 5년 전 혹은 10년 이상의 시점과 비교한다면 사실상 학원 등과 같은 사설기관을 통해 승무원 채용을 대행하는 경우는 더 이상 존재하지 않는 수준으로 사라진 상황이죠. 외항사에 대한 그리고 외항사 채용에 대한 정보가 부족했던 초기와 달리 지원자 역시 손쉽게 정보를 취득할 수 있는 시대가 되면서 자연스레 사설기관 대행 채용의 문제점이 드러났고, 꾸준히 논란이 지속되자 대행사를 통해 한국에서 채용을 진행했던 외항사의 대부분이 최근에는 대행사를 이용하지 않고 직접 면접을 진행하고 있습니다. 이러한 변화와는 달리 8년 전 한국에서 사설기관에 채용을 대행하여 한국인 1기 승무원을 뽑았던 핀에어는 2020년 상반기에 마무리된 한국인 승무원 채용 역시 전과 동일한 방법으로 사설기관에 대행을 맡기기도 했습니다. 과거 채용을 진행하며 만들어진 연결고리를 바탕으로 채용인원이 적은 것에 비해 시기상 지원자가 많을 수밖에 없는 것으로 예상됨에 따라 모든 전형을 자체적으로 진행할 때 마주할 수밖에 없는 어려움 등이 고려되어 사설기관을 통한 채용 대행을 선택했을 것으로 생각합니다. 물론 이러한 이유가 아니더라도 핀에어는 외국인 승무원을 채용할 경우 한국이 아닌 다른 국가에서도 사설기관 혹은 전문 에이전시를 통해 채용합니다.

만약 특정 외항사에서 외국인을 채용하는 과정에서 다른 나라에서는 자체적으로 채용을 진행하지만, 한국에서의 채용만 유독 사설기관을 통해 채용을 진행한다면 보이지 않는 채용 진행 체결과정에서 어떤 일이 일어났는지에 대해 그 누구도 알 수 없음은 물론 의문을 가지는 것이 합당할 수 있으나 대부분의 외국인 승무원 채용에서 사설기관 혹은 에이전시에 도움을 받는다면 막연히 대행으로 채용을 진행하는 것에 불만을 느낄 수는 없으리라 생각합니다. 그런데도 객실 승무원이라는 직업을 갖기 위해 거쳐야 하는 면접을 준비하는 데 도움을 주는 일을 하는 강사로서 조금 아쉬운 점이 있었다면 과거 관련 포스팅을 통해 언급했던 것과 같이 경력자를 위주로 선택한 채용 결과였습니다.

해당 채용은 당시 여러 우려의 목소리에 응답이라도 하듯 모두에게 골고루 기회가 돌아갈 수 있음을 강조했으나 결과를 통해 알 수 있었던 것은 본 채용에 지원한 지원자를 가르치기도 했던 승무원 출신의 강사를 비롯하여 대부분 경력자가 합격했다는 것이었죠. 경력 유무에 따라 신입, 경력직 부문을 나눈 채용이 아니었기 때문에 직접적인 경력을 선호하거나 우대하는 유럽 항공사의 선택에 불만을 가질 수는 없습니다만, 업무에 관한 기량을 발휘할 수 있을 때까지 기다릴 수 없는, 다시 말해 계약직으로 2년만 일할 수 있는 KLM과 달리 얼마든지 교육과 실전 비행을 통해 인재로 만들어낼 수 있는 근무기간을 제공하는 곳임에도 경력 위주로 선발한 편향된 결과에 대해 개인적으로 아쉬움을 많이 느꼈던 채용이 아닐까 싶습니다.

당시 핀란드는 한국 정부와의 긴밀한 협의를 바탕으로 부산 노선 취항이 결정되며 이를 염두에 두어 7년 만에 한국 베이스의 한국인 승무원을 채용했던 것으로 보입니다. 3월 첫 취항을 앞둔 상황에서 이미 일부 항공권까지 판매되었던 만큼 당시에는 추가적인 한국인 승무원 채용에 대한 기대까지 언급됐었죠. 그러나 대부분의 항공사에서 그랬던 것과 같이 감염병 확산 때문에 기존 노선까지 정상 운영을 할 수 없는 위기가 닥친 만큼 부산 노선은 7월로 한 차례 연기된 후 현재는 2021년 3월을 바라보고 있습니다만, 이 역시 사실상 감염병 확산에 의해 증발한 수요의 정상화가 이뤄져야 한다는 전제가 있는 만큼 사실상 내년 취항 역시 불투명한 상황입니다.

애초에 어디까지나 추측 때문인 기대였던 만큼 승무원 채용 역시 기약이 없는 상황이죠. 발표되기 전부터 이미 소문이 퍼지며 화제가 될 만큼 핀에어 승무원 채용 특히나 한국 베이스에 채용은 KLM, 루프트한자와 함께 외국 항공사 채용을 준비하는 학생에겐 꿈의 항공사일 수밖에 없습니다. 입사하여 근무하는 과정에서 기업을 통해 누리는 복지 혜택과 노동의 대가인 연봉 등에 대한 근무조건이 좋은 것은 물론이며, 젊은 세대로 갈수록 점점 더 중요시하는 일과 삶의 균형과 근무 분위기 역시 유럽 항공사 근무의 가장 큰 장점 중 하나가 아닐까 싶습니다. 그러나 누구든 희망하는 꿈의 항공사 역시 감염병 확산에 의한 수요 증발

위기는 피해 갈 수 없습니다. 항공권까지 이미 판매한 신규 노선의 취항을 연기하는 것은 물론이며 위에서 언급했던 것과 같이 기존 노선 역시 국제선의 경우 대부분 정상적인 운영이 어려운 상황입니다.

특히나 일부 회복에 기미를 보이는 국가와 달리 유럽의 감염병 확산 상황은 날로 심각해지고 있습니다. 이를 바탕으로 최근 프랑스와 독일 등에 봉쇄령이 예고되며 유럽권 항공사의 존폐는 더더욱 위협받고 있습니다. 물론 핀에어만을 놓고 본다면 다소 긍정적인 미래를 그려볼 수 있을 듯합니다. 저비용 항공사의 초기 출현에 콧방귀를 뀌며 그들의 방식을 무시했던 FSC 항공사에서 어느 순간 위협을 받을 만큼 성장함에 따라 버티지 못하고 사전 좌석지정 혹은 비상구 좌석을 유료로 판매하는 등과 같이 누구랄 것 없이 위기 속을 걷는 현재에도 현금 확보를 위해 상공 여행상품을 내놓거나 혹은 기내식을 이용하여 오프라인 식당을 운영하거나 구명조끼로 가방을 만들어 파는 등의 사업 다변화 속에서도 여전히 돌부처 모습으로 자존심을 지키고 있는 일부 항공사와 달리 핀에어는 그 명성과 위치를 지키면서도 사업 다변화를 위한 전략에 맞는 이벤트를 펼치고 있는 것으로 판단됩니다.

가장 먼저 선보인 것은 기내식을 활용하는 것입니다. 누구보다 빠른 속도로 식당 운영에 나선 곳은 타이 항공이었죠. 객실 승무원을 현장에 활용하여 운영한 오프라인 식당의 반응은 성공적으로 평가됩니다. 핀에어는 오프라인 식당을 운영하지 않고 2주에 한 번씩 새로운 기내식을 구성하여 오프라인 마켓에서 판매하는 사업입니다. 이번 사업을 통해 식음료 관련 인력을 10명 채용했다는 소식만을 보더라도 분명 이번 기회를 바탕으로 펼치는 항공사의 사업 다변화는 분명 단점도 존재하겠지만, 여전히 장기적인 관점으로 본다면 항공사가 위기에 대처하고 이를 극복하는 데 필요한 방향을 제시하는 것이라 판단됩니다.

재택근무가 늘어남에 따라 배달음식에 대한 수요가 늘어난다는 것을 바탕으로 시작된 이번 신사업은 합리적인 가격에 우수한 구성의 기내식을 제공한다는 점에서 분명 충분한 가치를 제시할 것으로 보입니다. 특히나 이번 기내식 판매사업은 감염병 확산에 의한 단기적인 목표를 넘어 기대 이상의 성적을 낸다면 분명 포스트 코로나에 대비한 핀에어 그룹의 새로운 사업분야로 자리 잡을 가능성이 보이는 만큼 국내 시장에서도 관련 사례를 바탕으로 다양한 구조로 수익을 창출할 방안을 마련하는 계기가 되길 바랍니다. 특히나 최근 항공사 내에서는 객실 승무원은 물론이고 전 직원을 대상으로 위기의 중심에 있는 현재 그리고 포스트 코로나에 대비한 미래의 변화를 위한 새로운 서비스 도입에 아이디어를 요구한다는 소식을 자주 듣습니다. 불안이 지속되는 위기 속에 있는 만큼 현재는 물론이고, 위기 속에서 빠르게 변화하는 항공시장 그리고 더 나아가 전체 산업시장의 변화에 도태되지 않기 위한 움직임으로 받아들일 수 있을 듯합니다.

핀에어의 사례를 바탕으로 여러 국내외 항공사에서 속속들이 새롭게 도입 혹은 계획 중인 신사업 혹은 기존 사업의 변형에 지원자 역시 주목할 필요가 있습니다. 당장 내가 중단기적인 미래에 종사할지도 모를 업계의 변화를 읽어야 함은 당연합니다만, 그러기 위해 꼭 참여해야 하는 면접을 준비하는 과정에서 더더욱 변화를 위한 새로운 아이디어를 고심하는 시간을 가지는 것은 필수적으로 요구됩니다. 지원자를 이용해 아이디어를 갈취하려 한다는 얘기가 심심찮게 나올 정도로 객실 승무원 면접에서도 일반직 못지않게 서비스 아이디어를 묻는 경우가 많죠.

물론 면접관이 혹할 만한 획기적인 아이디어를 제시하는 경우는 드물지만, 여전히 면접을 위한 준비를 넘어 내가 종사하고자 하는 업계의 미래에 대한 고심은 필요할 수밖에 없는 만큼 빠르게 변화하여 나아가는 항공시장의 소식을 파악함은 물론이고 나름의 분석을 통해 미래에 조금이나마 긍정적인 성장을 하기 위해 도입할 수 있는 서비스를 생각해 볼 수 있는 시간을 한 번쯤 가져보기 바랍니다.

승무원 트렌드

2 0 2 1

사라진 회복 기회?
위드(With) 코로나 외치는 업계!

　　비대면으로 수요가 증가하며 성장한 일부 업계를 제외하면 항공사 운영 및 이와 연결된 수많은 기업뿐만 아니라 대부분의 기업은 감염병 확산으로 위축된 소비 심리 때문에 기업 운영에 많은 어려움을 겪고 있습니다. 특히나 여행심리의 위축을 넘어 국가 간 이동이 제한되면서 정상적인 노선 운영 자체가 어려운 항공사와 이들이 포함된 관광업계는 가장 큰 직격탄을 맞은 상황이죠. 특히 항공시장만으로 국한해 본 과거 사례를 통해서 알 수 있는 사실은 위기 극복 후 더 큰 성장을 이뤘다는 사실입니다. 물론 모든 사례에서 위기 극복 후 성장이라는 공식이 성립됐을 것이라 볼 수는 없습니다만, 여전히 현재와 같은 감염병 확산 때문에 수요가 증발한 위기 사례만을 놓고 본다면 극복 후에는 항상 폭발적인 수요를 만들어내며 성장했다는 사실을 알 수 있습니다. IMF, 메르스, 그리고 사스 등이 대표적인 예시일 수 있을 듯합니다.

　　물론 현재 전 세계에 닥친 위기는 비교적 가까운 과거 사례와는 비교할 수 없는 수준의 상황임은 분명하지만 그런데도 이미 업계의 많은 전문가는 과거 사례에서 학습된 것들을 바탕으로 포스트 코로나를 준비해야 한다는 목소리를 내거나 이미 많은 부분에서 포스트 코로나에 대비하기 위한 투자와 연구 그리고 논의가 시작된 상황이라는 것은 긍정적인 움직임으로 볼 수 있습니다. 그러나 이러한 긍정적인 움직임에도 끝을 알 수 없는 상황에서 막연히 포스트 코로나에 대한 준비만을 이어가는 것이 당장의 상황만을 놓고 본다면 아무런 도움이 되지 않는다는 생각이 점점 커지며 항공 그리고 이들이 속한 관광업계는 문제가 해결되기만을 기다리는 것이 아닌 문제를 해결하는 과정에서 기업이 살 방안을 모색하고자 하는 위드 코로나에 대한 움직임이 조금씩 포착되는 듯합니다.

　　위드With 코로나는 두 단어의 조합이 주는 뜻과 같이 코로나 이후를 대비하는 포스트 코로나에 이어 만들어진 신조어로 감염병 확산이 진행되는 상황 속에서 방역을 잘 지킴으로써 할 수 있는 여행활동 재개를 위한 기업의 전략 등으로 이해할 수 있습니다. 이러한 움직임은 감염병 확산을 막기 위해 펼치는 여러 방역활동이 바꿔놓은 기존과 다른 생활방식, 여가활동 즉, 비대면 강화로 말미암은 산업구조 변경 등에 의해 앞으로 많은 것들이 바뀔 것이라는 전망을 바탕으로 요구된 포스트 코로나에 대한 대비로 지금 당장 버텨낼 수 없다면 미래는 존재하지 않는다는 생각에 미치며 비교적 우수한 방역을 유지하는 국가 간에 트래블버블 등과 같은 새로운 상품이 세상에 이름을 알리는 것과 맞물려 더욱더 빠른 속도로 관련 업계 종사자와 그들이 속한 기업에 의해 요구되고 있습니다. 관련 기관, 즉 정부와의 협력과 그들에 의한 움직임이 가장 중요하기 때문이겠죠.

항공 그리고 여행과 관련한 기관과 협회 그리고 그들을 관리하는 정부기관과의 여러 협력과 논의가 이뤄지고 있는 만큼 포스트 코로나에 대한 대비는 물론이며, 대규모 구조조정과 무급휴직 등에 의한 피바람 속에 현재를 살아내기 위한 위드 코로나를 위한 여러 방안 역시 조만간 여러 형태로 그 모습을 드러내리라 전망합니다. 물론 업계의 이러한 적극적인 움직임과는 반대로 일각에서는 여행보다 중요한 것은 지금 당장 살기 위한 방역이라는 목소리 역시 무시할 수 없는 만큼 여러 관계 부처와 관련 기업 그리고 기관 등에 속한 전문가의 의견을 바탕으로 올바른 그리고 똑똑한 방안이 마련되어 모두가 웃을 수 있는 방향으로 나아갈 수 있기를 바랍니다.

추가로 어떠한 방안이 새롭게 세상에 드러나 항공업계는 물론이고, 이들의 새로운 움직임을 통해 지갑을 열게 될 소비자 역시 장단기적인 미래에 어떤 새로운 변화가 나타날지 아무도 예상할 수 없지만, 승무원이라는 직업과 그들이 속한 항공사에의 채용에 대비하는 위치에 있는 분의 입장이라면 이 위기의 끝을 막연히 기다리는 것이 아닌 현재 본인에게 닥친 삶에 대한 노력을 기본으로 포스트 코로나를 넘어 위드 코로나에 대비하고자 하는 업계의 빠른 움직임 역시 포착할 수 있어야 한다는 것과 더불어 미래에 종사할지도 모를 업계가 위드 코로나라는 타이틀을 바탕으로 어떠한 전략을 구사할 수 있을지에 대한 방향성 역시 고민해 볼 수 있는 시간을 가져볼 것을 추천합니다.

중동 황금기 끝? 대량 해고에도
독보적인 행보를 보이는 카타르 항공

채용 준비 혹은 투자 등의 다양한 목적을 위해서 하는 기업에 관한 공부, 즉 기업 분석을 함에 있어 필요한 요소 중 중요한 한 가지가 있다면 선정한 기업이 마주한 현재와 과거 그리고 이를 바탕으로 한 미래까지도 일부 예상하는 과정에서 호재는 물론 악재까지도 아우를 수 있어야 한다는 것입니다. 특히나 이 책을 펼친 사람은 항공업계 그리고 객실 승무원과 관련한 정보와 채용에 필요한 지식을 얻고자 하는 분이라 생각되는 만큼 당신은 호재와 악재를 모두 마주할 수 있어야만 최대한 정확도를 높여 시장의 흐름과 이를 통해 앞으로 전개될 미래를 예측할 수 있음을 기억해야 합니다.

채용 준비가 아닌 당장의 수익 실현에 조금 더 목적을 둔 투자와 같은 경우라면 악재를 참고하는 것에 조금 더 무게를 둘 수밖에 없긴 합니다. 오프라인 강의는 물론이고 온라인을 통해 최근 채용과 관련한 여러 질문 중 가장 많은 편에 속하는 질문으로 꼽을 수 있는 것이 중동 항공사 채용 전망과 관련한 내용일 듯합니다. 그럴 수밖에 없는 이유 중 하나가 바로 외국 항공사 중 가장 자주 그리고 가장 많은 한국인 승무원을 채용했다고 볼 수 있는 곳이 중동 항공사이기 때문이죠. 그 가운데 카타르 항공이 있습니다.

한국 취항 전부터 이미 수백 명의 한국인 승무원이 근무하고 있었다는 것만 보더라도 인천 노선을 취항한 뒤 그리고 감염병 확산 시기로 보는 최근을 제외하고는 사실상 10년간 꾸준히 두 자릿수 이상의 성장세를 보였기 때문에 현재 카타르 항공에 소속된 한국인 승무원은 여전히 전체 승무원 국적 비율 중 상위에 있을 수밖에 없죠. 그러나 최근 계속된 해고사태에 포함된 한국인 승무원의 비율이 낮지 않다고 전해집니다만, 꾸준히 한국인을 채용했던 만큼 전체 비율로 본다면 상위 자리를 지키고 있다고 볼 수 있을 듯합니다. 물론 지금도 해고자가 수시로 발표된다는 점은 안타까운 소식이 아닐 수 없습니다.

2020년 상반기를 지나 여름이 시작되기 전 대규모 해고를 예고한 뒤 현재까지 쏟아진 객실 승무원을 포함한 여러 직군에서 실업자가 발생하고 있으나 정확한 해고 인원은 공개하지 않는 듯 보입니다. 악재를 정량화하여 어떤 것이 더 무겁거나 혹은 심각한지를 논할 수 없으나 여전히 해고 소식은 항공사에서 생산될 수 있는 악재 중 분명 무거운 편에 속할 수밖에 없겠죠. 감염병 확산 때문에 휴직하여 한국에 체류 중인 상황에서 해고 통보를 받게 되어 현지에 있는 짐을 챙겨오기 위해 방문하거나 동의과정을 통해 항공사로부터 짐을 항공편으로 받는 절차가 현재 진행 중인 것으로 전해지는 만큼 구조조정, 즉 해고사태가 심각한 상황에서도 여전히 항공사에서 미래를 위한 끊임없는 노력을 하는 여러 움직임이 포착된다는 점은 긍정적으로 볼 수 있을 듯합니다.

다음에서 정리하여 제시할 긍정적인 호재로 볼 수 있는 항공사 운영과 관련한 새로운 움직임이 아닌 악재로 볼 수 있는 해고사태 속에서도 분명 조금이나마 긍정의 신호를 읽을 수 있는 내용은 존재합니다. 예를 들어 비교적 최근에 해고된 일부 인원은 회사 경영상태의 호전에 따라 복귀를 조건으로 하는 경우가 있다는 것이죠. 이를 통해 추측할 수 있는 것은 환승 장사를 주로 하는 운영구조였던 만큼 더 큰 타격을 받으며 과거 영광을 뒤로한다고밖에 볼 수 없는 영업 손실이 공개된 중동 항공사 중 한 곳임에도 절대 쉽게 세계 최고 항공사의 자리를 내줄 수 없다는 의지의 불꽃이 꺼지지 않았다는 점과 더불어 경영 정상화를 위해 할 수 있는 모든 전력을 기울이고자 한다는 점이 아닐까 싶습니다. 물론 해고된 당사자의 처지를 생각해 보면 당장 해고되어 실직자가 되는 만큼 수입이 없어지는 것이기 때문에 이로부터 오는 막연함은 물론이고, 이외에도 과거에 꿈꿨던 직업을 위해 나름대로 최선의 노력을 다했던 상황을 회상할 수밖에 없는 만큼 해고과정에 대한 악감정을 충분히 가질 수 있으리라 생각합니다. 그러나 기업의 입장으로 국한하여 생각해 본다면 항공사를 운영하면서 인건비는 유류비와 더불어 가장 큰 고정비용이자 지출 중 하나에 속하므로 이를 줄임으로써 눈앞에 닥친 시급한 위기에서 벗어남으로써 단기적인 미래를 그려 나갈 수 있다는 생각을 할 수 있게 합니다. 복귀의 조건이 실제 언제 그리고 어떠한 방식인지에 대한 의문을 넘어 보장 여부에 대한 부분조차 확실하지 않은 만큼 현재로선 그 누구도 예측할 수 없습니다만, 항공사의 입장에만 국한해서 생각한다면 여전히 해고자에 대한 복귀 제시를 넘어 실제 복귀가 가능할 만큼, 즉 승무원이라는 인력이 추가로 필요해진다는 것은 결국 노선 운영 정상화를 실현했다는 것을 의미하기 때문에 이를 가능하게 하기 위한 최대한의 노력을 다하는 것이 당장의 해고보다 더 중요한 문제일 수밖에 없다는 전망이 우세한 상황입니다.

현재 외부에서 볼 수 있는 범위에서 알 수 있는 그들의 노력은 역대 최고의 손실을 기록했다는 점을 제외하고 본다면 사실상 꾸준히 성장했던 지난 25년간의 자체 역사 속 그 어떠한 순간보다 더 강렬하다는 인상을 받게 할 만큼 다양하다고 생각합니다. 항공사가 속한 국가 즉, 각 항공사의 국적을 기준으로 자국민과 외국인 승무원의 비율만을 놓고 본다면 사실상 전 세계에서 가장 많은 외국인 승무원을 채용한 카타르 항공은 세계 3대 항공 동맹체 중 한 곳인 원월드에 소속되어 있죠. 물론 세계적인 추세가 그러했습니다만, 과당경쟁 속 카타르 항공 역시 항공 동맹체만으로 시장의 점유율을 넓혀가는 것에 한계를 느낀 일부 항공사의 움직임을 시작으로 등장한 제휴, 좌석 공유 등의 새로운 항공 파트너 사업 모델을 적극적으로 맺어왔습니다. 이러한 과거 움직임에 걸맞게 감염병 확산으로 항공수요가 증발한 시점에도 중동에 체류한 외국인을 자국으로 실어 나르기 위한 교민 수송 전세기 운영에 앞장서 수익을 창출함은 물론 최근 에어캐나다와 코드셰어를 맺으며 기존에 이미 실시했던 좌석 공유 항공사인 아메리칸 항공, Jet blue를 통해 중동에서 미국 본토 국내선까지 승객을 연결할 수 있었던 경험을 바탕으로 캐나다 토론토를 넘어 주요 지방 도시까지 승객을 실어 나르기 위한 전략을 펼칠 것으로 전망됩니다.

경쟁하듯 항공 동맹체가 설립되어 가입하던 2000년대 초반과는 달리 항공 동맹체로 묶이지 않아도 업무상 제휴, 좌석 공유 등의 방식을 통해 좌석, 라운지, 마일리지 등의 공유가 충분히 가능하다는 것을 알게 됨에 따라 동맹체 가입 없이도 타 항공사와의 업무상 교류가 가능한 것을 보여준 에티하드 항공과 같이 동맹체에 속한 혹은 속하지 않았으나 동맹체 가입을 고려했던 항공사조차 현재는 가입에 관한 관심이 과거보다 줄어들었다는 것은 부정할 수 없는 사실이죠.

물론 전 세계 항공시장에서 큰 영향력을 행사할 수 있다고 볼 수 있는 굵직한 기업의 주도와 참여가 존재하는 만큼 항공 동맹체의 영향력 그리고 이로부터 기대할 수 있는 장점 역시 무시할 수 없을 듯합니다.

대한항공의 아시아나항공 인수 논란 속에서도 일부 소비자는 아시아나항공의 스타얼라이언스 탈퇴 여부에 대해 꾸준히 언급하고 있는 것만 보더라도 충성 고객을 확보하거나 소비자의 관점에서 항공사를 선택할 때 항공 동맹체의 영향력이 크다는 것을 짐작할 수 있죠. 물론 카타르 항공은 원월드의 창립 회원이라고 볼 수 없으나 여전히 가파른 성장 속에서 현재 세력을 늘려 동맹체를 주도하고 있다고 볼 수 있습니다.

특히나 과거 가입이 최종적으로 결정되기까지 꾸준히 잡음이 많았던 알래스카 항공의 원월드 가입을 두고 카타르 항공의 처지에서 본다면 중동과 미국 내에서도 북미 쪽으로까지 승객을 실어 나르며 영역을 확대할 기회인 만큼 그들의 동맹체 가입을 위해 가장 큰 영향력을 행사하는 것으로 보이는 아메리칸 항공에 이어 내부적인 접촉을 통한 노력을 했던 것으로 알려졌습니다. 이외에도 객실과 직접 연관된 소식을 보자면 PPE를 꼽을 수 있을 듯합니다. Personal Protective Equipment의 약자인 PPE는 단어의 뜻 그대로 자신을 보호하기 위한 장비로 이해할 수 있으며, 바이러스로부터 승무원과 탑승한 승객을 보호하기 위해 항공사에서 제공하는 용품입니다. 특히나 승무원은 물론 승객에게도 제공되는 얼굴 보호 커버, 손 세정제, 마스크 등과 더불어 보호복까지도 지급됐죠. 이러한 뉴노멀 비행을 위해 추가된 절차와 장비는 업무의 강도를 높일 수밖에 없습니다만, 자신을 보호하고 더 나아가 승객을 보호하고 내가 속한 기업을 지켜내기 위한 요소인 만큼 더 많은 희생과 감내가 요구되는 시점이 아닐까 싶습니다.

과거의 영광을 이어가기 위한 카타르 항공의 추가적인 노력은 이외에도 위에서 언급한 것과 같이 중동에 체류한 여러 외국인의 귀국을 돕는 교민 수송기의 역할에 앞장서며 이윤을 창출했음은 물론 일정 시기가 지나며 확진세가 줄어 일부 국가로의 입국이 조금은 수월해지자 위드 코로나 전략 등을 바탕으로 운항 노선과 횟수를 늘려가고 있다는 점을 꼽을 수 있을 듯합니다. 현재 항공사 자체적으로 공개된 주장을 참고한다면 100개에 가까운 노선이 재개됐고 2021년 3월까지 126개에 달하는 기록을 세우기 위해 노력할 것임을 알 수 있습니다. 사실상 100개의 노선에서 1주일간 700편에 달하는 운항 편수를 보이죠. 물론 항공사의 현재 규모와 이를 바탕으로 과거 운영 규모를 비교한다면 여전히 의미 없는 수치일 수 있습니다만, 운항 재개를 기반으로 한 정상 경영 회복속도가 결코 느리지 않다는 것이 주목해야 할 사안일 듯합니다. 특히나 재개된 노선을 포함하여 현재 정상 운영하고 있다고 볼 수 있는 100개의 노선 중 아시아 노선이 가장 많은 비율을 차지한다는 것은 결국 감염병 확산으로부터 비교적 안전하다고 평가할 수 있는 국가가 많다는 점, 이는 자연스레 포스트 코로나에 대비하면서 전 세계 여러 항공사에서 아시아 시장으로의 새로운 진출 혹은 진출 확대까지 기대할 수 있을 만한 내용을 시사하고 있다고 볼 수 있죠.

물론 위기 속 산업발전이라는 공식을 증명한 과거 역사를 통해 알 수 있듯이, 이번 사태 역시 이미 많은 변화가 진행되거나 예고된 상황입니다만, 여전히 과거의 그 어떤 시기보다 더 빠르게 변화가 진행되는 것이 눈으로 보이는 시점인 만큼 외국 항공사 승무원을 준비하는 과정에서 보더라도 한 치 앞을 예상할 수 없다는 것은 부정할 수 없습니다. 그런데도 잊지 말아야 할 것은 비교적 가까운 과거부터 꾸준히 그리고 현재도 여전히 관련 기관 혹은 전문가에 의해 아시아 항공시장의 가능성은 이미 점쳐졌다는 것이죠. 사실상 외국 항공사 중 가장 많은 한국인 승무원을 채용했던 카타르 항공 역시 그들이 현재 외부적으로 보이는 피를 토한다고까지 평가할 수 있는 여러 방면에서의 노력을 바탕으로 포스트 코로나의 문을 가장 먼저 열 수 있는 항공사가 되어 채용시장 재개 역시 가장 먼저임은 물론 가장 큰 규모였던 역사를 이어길 수 있길 희망합니다.

PART 3

Ready for the
New Normal
(뉴노멀 시대의 면접 대비)

승 무 원 트 렌 드

2   0   2   1

Plan A? Plan B!

2020년 상반기에 진행된 에어프레미아 1기 승무원 채용과 에티하드 서울 채용을 제외한다면 국내와 외국 항공사 할 것 없이 사실상 객실 승무원을 위한 채용은 멈췄다고 보는 게 맞을 듯합니다. 물론 과거 채용 풍년이라는 단어가 연일 쏟아지던 수준과 비교한다면 지금 시점에서의 채용은 없는 수준을 넘어 가까운 미래까지도 가능성이 희박하다는 게 일반적인 상황입니다. 현재 항공업계가 겪고 있는 위기는 단순 감염병이라는 외부적 요인만이 작용한 것은 아님을 많은 학생도 인지하고 있을 것이라 봅니다.

사드로 시작된 중국과의 갈등, 일본 불매운동, 항공사 간의 과당경쟁 및 노선 포화, 유가 상승 등 셀 수 없이 다양한 요인이 복합적으로 작용하며 감염병이란 외부적 요인까지 겹쳐 그 어려움이 더 가중된 시점으로 이해할 수 있습니다. 2019년 중반기부터 채용의 가뭄이 본격화 되던 시기부터 항공 승무원에 대한 채용을 막연히 기다릴 수 없어 다른 방향으로 눈길을 돌리는 지원자가 속출했다고 볼 수 있습니다. 그 시기에도 지상직 채용은 이어졌기 때문에 애당초 지상직만을 준비했던 지원자가 아닌 플랜 B로 지상직을 고려했던 학생들이 몰림으로 인해 경쟁률이 조금 더 높아진 계기가 되기도 했습니다.

그러나 현재 시점에는 외부적 요인으로 꼽히는 감염병 확산이 심각단계를 넘어서며 항공사에서 운항하는 비행 편수가 줄어들어 실제로 공항을 이용하는 승객의 수 역시 자연스럽게 증발할 수밖에 없는 만큼 공항에 필요한 기존 인력조차 제대로 근무할 수 없는 상황에서 신규 채용은 기대도 할 수 없는 시점이 되었습니다.

특히 국내 항공사의 공항 내 지상 업무를 위한 자회사인 이스타포트, 티웨이에어서비스, 자스 등은 인력 운영을 사실상 멈춘 상태이며 국내에 취항한 외국 항공사의 공항 내 지상 업무를 위한 인력의 경우 사실상 구조조정에 의해 최소한의 인력을 제외한다면 해고된 사람이 더 많은 심각한 상황입니다. 기내에서 근무하는 항공 승무원과 공항 내 전반적인 장소에서 승객을 돕는 지상직은 다른 장소에서 다른 일을 그러나 승객의 항공여행을 돕는다는 같은 목적을 가지고 일하다 보니 자연스럽게 두 직업을 함께 준비하는 지원자가 많습니다.

물론 양쪽을 모두 준비하는 경우 어떤 직업을 더 우위에 놓고 준비하는지는 각자의 생각과 가치관에 따라 다를 것입니다. 어떤 직업이 더 좋고 나쁘고를 가릴 수 없겠죠. 일반화시킬 수 없으나 여전히 많은 지원자가 다양한 이유를 바탕으로 객실 승무원을 조금 더 선호하거나 조금 더 좋은 직업이라 판단하는 경우가 많은 편이긴 합니다. 또한, 이런 상황에서 승무원과 관련한 채용이 줄어들며 지상직에 대해서도 도전을 고려했으나, 현재 시점에는 두 직업 모두 대부분의 신규 인력에 대한 채용이 멈추며 채용을 막연히 기다리는 것에 대한 한계점에 온 것인가에 대한 의문과 함께 다른 방향으로 직업을 가지기 위한 플랜 B를 고려하는 지원자가 늘고 있습니다. 그럴 수밖에 없는 것이 관련 채용이 끊긴 지도 이미 1년이 넘었으며 여러 기관과 매체를 통해 2~3년 이상의 공백이 발생할 수밖에 없다는 점을 알고서도 준비를 이어가거나 새롭게 준비를 결정하기는 어려운 게 현실이기 때문이죠.

특히나 현재 항공업계와 관련한 예측만 난무할 뿐 그 누구도 미래에 벌어질 일과 흘러갈 방향에 대한 정답을 알 수 없는 만큼 결국, 이 직업에 대한 준비와 기다림의 정도는 스스로 판단할 수밖에 없다는 것도 지원자를 더 힘들게 하는 요소가 아닐까 싶습니다. 그런데도 중요한 점이 있다면 채용이 풍년인지 혹은 반대로 현재와 같이 채용 빙하기에 있는지에 대한 여부를 떠나 단순히 내가 하고 싶다는 마음만으로 할 수 있는 직업은 아닌 만큼 도전을 위한 어느 정도의 잠재적인 준비기간을 정하되 개인에 따라 2~3개의 추가적인 직업에 대한 준비 방향을 고려해 놓는 것이 필요할 것이라 주장합니다. 저 역시도 이 직업이 절대 대단해서가 아니라 세상에 존재하는 수많은 직업 중 하나이기 때문에 누구든 할 수 있으나 높은 경쟁률을 뚫고 면접에서 합격해야만 가능한 직업이기 때문에 또 한편으론 막연히 하고 싶다는 마음만으로는 할 수 있는 직업이 아님을 기억해야 한다고 강조합니다.

또한 다른 직업에 비해 더더욱 상식적인 선에서 합격할 수 있는 나이라는 것이 존재하는 만큼 도전의 시기가 정해져 있음을 외면할 수 없기 때문이죠. 물론 다른 직업도 합격을 위해 면접을 준비하는 과정이 필요하지만, 승무원과 공항 지상직이라는 직업도 내가 단순히 하고 싶다는 마음만으로 시간과 일부 금전적인 투자 없이 준비해서는 합격할 수 없기 때문에 스스로가 정한 준비기간에서만큼은 그 누구보다 집중하여 한 우물만 팔 수 있어야 한다고 항상 강조해 왔던 사람 중 한 명입니다만, 그런데도 스스로가 정한 준비기간을 넘기면서까지 다른 직업에 대한 고려와 준비 없이 항공 승무원과 지상직만을 생각하고 준비하며 기다린다는 것은 여러모로 위험이 따를 수밖에 없기 때문에 여러 방면을 고려해서 복합적으로 가능성을 열어두고 준비하는 것도 이번 사태를 통해 더더욱 필요함을 저 역시 느끼게 되었다는 것을 얘기하고 싶습니다.

특히나 요즘 같은 상황에서 항공업계에 대해 전망하는 것은 즉 머지않은 미래에 전과 같은 회복과 정상 운영이 불가능하다는 것이 명확해 보이는 시점에서는 더더욱 불확실한 미래에 대해 한쪽으로만 치우쳐 생각하거나 준비하는 것은 많은 위험이 따를 수 있음을 스스로 이해할 수 있어야 합니다. 그러나 여전히 기회라는 것은 언제 어느 순간에 찾아올지 알 수 없고, 기회라는 건 늘 준비된 자에게 돌아가는 경우가 훨씬 더 많은 만큼 지금 당장의 상황만을 보고 무작정 포기하기보다는 자신의 분석과 판단을 통한 깊은 고심을 바탕으로 특정기간을 정한 뒤 현재 시점에서는 기회가 왔을 때 합격하기 위한 준비시간으로 활용하기 위한 계획을 짜야 하고, 정한 기간에 원하는 결과를 얻지 못한 경우 함께 고려할 수 있는 여러 방향을 생각할 수 있어야 함을 기억하기 바랍니다. 각자의 경험과 가치관, 사고, 환경 등에 따라 승무원이 되고자 하는 자신만의 이유가 존재할 것입니다.

너무나도 원하는 직업이 맞고, 어려운 격동의 시기를 뛰어넘어 합격을 고려하는 간절한 마음이 변질되지 않도록 주어진 시간을 똑똑하게 활용함은 물론 위기를 극복해야 함은 누구나 쉽게 말할 수 있지만, 이번 사태를 통해 조금은 더 냉정하게 미래의 직업이 가진 의미를 바탕으로 항공 승무원과 지상직을 준비하면서 닥칠 수 있는 여러 문제를 적나라하게 마주할 수 있는 시간을 가져볼 것을 조언합니다. 여전히 지원자 모두가 하고자 하는, 즉 원하는 직업을 가질 수 있길 바라지만, 항공 승무원도 세상에 존재하는 수많은 직업 중 하나이고 더 나아가 세상에는 승무원이 아니더라도 본인을 충족시켜 줄 수 있는 수많은 직업이 존재한다는 것도 생각할 만큼 스스로 시야를 넓혔으면 좋겠다는 말을 감히 덧붙이고 싶습니다.

이는 결코 여러 요인에 의해 어려움을 겪고 있는 시장상황에 의해 면접 준비를 포기해야 함을 부추기는 것이 아닌, 과도한 간절함을 보이면 면접관은 항상 지원자에게 거부감을 느낄 수밖에 없다는 이치와 같이 결국 다양한 방면으로 준비하며 쌓게 되는 지식과 매력은 실제 현장에서 다양한 업무를 하게 되는 승무원이라는 직업에 더 적합한 사람임을 보여주고 면접관을 설득시킬 수 있는 능력이 길러지게 되는 만큼 원하는 직업인이 되고자 면접을 준비하는 과정에서 플랜 B를 설정하고 실천하는 것에 대해 한 우물만 파지 않는다는 불안함과 거부감을 느끼거나 자신을 알 수 없는 불안에 잠식시킬 필요가 없음을 전달하기 위한 목적임을 밝힙니다.

FSC, LCC 그리고
신생 항공사의 포스트 코로나 전망

감염병 확산으로 항공수요가 증발한 지금과 같은 상황이 일정 기간 별다른 개선 없이 꾸준히 지속된다면 사실상 전 세계 여객 운송을 주로 하는 항공사를 기준으로 30%가 사라질 수 있음을 분석하여 제기된 주장만을 보더라도 어쩌면 이스타 항공의 대규모 구조조정과 대한항공의 아시아나항공 인수합병 등은 전 세계 항공시장에서 예견된 절차일지도 모른다는 생각입니다.

이미 이보다 앞선 시기에 일본 FSC 항공사인 ANA와 JAL의 합병에 관한 얘기가 흘러나왔고 지금의 팬데믹과는 별개이나 각자의 사정에 의해 항공사가 벼랑 끝에 몰리게 되어 국가 대표 항공사 간의 합병에까지 이르렀던 유럽 항공시장의 과거 이력은 현재 국내에서 벌어지고 있는 두 거대 항공사 간의 결합이 충분히 가능한 시나리오임을 시사

합니다.

1930년 전 세계 항공시장에 불어닥친 위기 수준으로까지 평가받는 2020년 그리고 2021년, 누군가는 영광을 뒤로한 채 역사 속으로 사라질 것이며 이와 동시에 또 다른 누군가는 위기 속에서 누군가 사라진 것을 기회 삼아 성장해 나갈 것임은 부정할 수 없는 사실일 수밖에 없다는 것을 역사는 말해주고 있죠. 물론 과거 영광을 잠시나마 누렸던 혹은 영광을 누리진 못했으나 하나의 항공사로서의 기본적인 역할을 해왔던 기업이 역사 속으로 사라진다는 것은 기업에 딸린 수백, 수천 명의 종사자를 생각한다면 너무나 안타까운 일입니다.

그러나 우리가 적나라하게 마주하여 현실적인 미래를 준비하기 위해서는 1년이 넘는 시간 동안 이어진 감염병 확산 위기 속 중반전까지 오지도 못한 채 확산 초기에 이미 파산된 항공사 역시 존재할 정도로 포스트 코로나 시대엔 분명 시장 서열에 많은 변화가 있을 수밖에 없음을 이해해야 합니다. 이와 관련하여 일각에서는 포스트 코로나까지 가지도 못할 만큼 심각한 상황이기 때문에 백신 상용화가 이뤄져 누구든 안전하게 비행기를 탈 수 있는 시점이 오기까지 적어도 1년 이상의 시간이 걸릴 것이기 때문에 위드 코로나를 위한 전략 구성이 시작되어야 한다고 주장합니다. 철저한 방역 속 최소한의 여행이라도 즐길 수 있는 정책으로 수요를 회복해 가야 함을 뜻하는 것으로 볼 수 있습니다.

특히나 당장 하루 앞을 내다볼 수 없는 위기 속에 있는 대부분의 사람들은 포스트 코로나에 대비해야 함을 주장하는 혹은 관련된 분석을 내놓는 일부 업계의 움직임에 부정적인 시선을 보내기도 합니다. 바로 지금을 버틸 수 없는 상황에서 기약 없는 미래를 준비하는 것이 무슨 소용이냐는 생각일 것으로 추측합니다. 물론 이와 같은 주장을 충분히 이해합니다만, 여전히 이 시장을 주도하는 특정 집단으로 볼 수 있는 단체 혹은 전문협회 그리고 이러한 집단을 구성하고 있는 여러 전문가는 일반적인 시각을 가진 사람을 넘어 빠르게 변화하는 추세에 따라 시장의 미래를 준비하기 위한 분석을 멈출 수 없다는 것을 이해해야 합니다.

눈앞에 닥친 문제를 해결하는 것도 중요합니다만, 한 치 앞을 내다볼 수 없는 상황에서도 올바른 시장 성장을 위해 예측 가능한 수준 혹은 정확히 예측할 수는 없더라도 과거 사례 및 현 상황의 변화 등을 바탕으로 항공시장이 나아갈 방향을 분석하는 전문가의 활동은 꾸준히 이어지고 있습니다. 특히나 다소 보수적인 성향을 띠는 국내 항공시장과는 규모의 경제를 기본으로 훨씬 더 선진화된 시스템과 분위기를 주도하는 일부 국가의 항공시장에서는 더 많은 그리고 더 유익한 관련 정보를 생산하고 있죠. 하나의 예로 국내는 항공사를 대표하는 회장 혹은 사장 직급의 인물이 언론 혹은 미디어에 나서서 직접 소통하거나 정보를 나누는 횟수보다 논란에 대해 사죄하거나 조사를 받기 위한 모습이 카메라에 포착되는 경우가 더 잦은 듯합니다.

항공시장에서만큼은 시장의 규모에서 더 클 수밖에 없는 일부 외국 시장에서는 이미 항공 관련 정보만을 다루는 여러 미디어 채널을 통해 유명 항공사의 CEO가 직접 인터뷰를 진행하거나 항공시장 동향을 토론하기도 합니다. SNS를 통해 소비자 그리고 직원과의 소통을 직접 이어가는 인물도 존재합니다. 물론 무작정 어떠한 방식과 분위기가 더 옳은지 그른지에 대해 주장하기엔 한계가 있습니다만, 어디까지나 시장의 규모는 물론 오랫동안 형성된 특성 등에 의해 올바른 정보를 손쉽게 얻을 수 있는 시장이 아님은 분명해 보입니다.

다시금 하고자 하는 얘기로 돌아가자면, 단기적인 것은 물론 중장기적인 관점에서 현재 빠르게 변화하는 시장의 건강한 미래를 예측하는 데 필요한 방향을 제시하는 여러 주장이 국외에서 쏟아지고 있다는 것입니다. 물론 국내 역시 수많은 전문가에 의해 분석되고 있습니다만, 위의 주장과 같이 더 방대하고 더 빠른 정보와 지식을 생산하고 있는 것으로 보이는 국외 여러 언론과 커뮤니티 그리고 전문가에 의해 쏟아지는 다양한 주장은 조금씩의 차이가 있습니다만 여전히 공통된 부분 역시 존재합니다.

예측이라는 것은 분명 과거의 비슷한 사례를 바탕으로 현시대에 닥친 위기의 특성을 고려하여 정리된 내용인 만큼 그 누구도 알 수 없는 미래의 일을 정확히 맞출 수 없으리라 생각합니다. 그러나 여전히 시장을 누구보다 올바르게 이해할 수 있는 시선을 가진 전문가에게서 쏟아지는 정보 속 공통된 부분 혹은 어느 정도 공감할 수 있는 내용을 담은 주장은 주목하지 않을 이유가 없을 듯합니다. 그중 특히나 지금 국내시장에서 주목하고 있는 FSC 항공사의 합병 때문에 규모의 경제를 실현하게 되면 기존 LCC 항공사는 타격을 입을 수 있다는 주장과 관련한 포스트 코로나 항공사 전망을 가장 먼저 얘기하고자 합니다.

과거 규모와 상관없이 항공시장에 어떠한 위기가 닥칠 때마다 꾸준히 FSC 항공사의 합병이 논의되거나 실제 발생하였던 만큼 이번 포스트 코로나 역시 30% 이상의 기존 항공사가 역사 속으로 사라지거나 합병될 것이란 전망입니다. 감염병 확산과 같이 국경이 봉쇄될 수밖에 없는, 다시 말해 국제선이 제대로 운영될 수 없는 상황에서 저비용 항공사보다 노선의 이동 거리 및 좌석 공급 수가 더 많을 수밖에 없는 FSC 항공사는 유지비만 보더라도 손실이 더 클 수밖에 없죠. 이 때문에 자연스레 호황 속에서는 그 가치를 높이기가 더 유리합니다만, 반대로 위기의 터널 속에 있는 시점에선 더 큰 그리고 더 빠른 손실이 발생할 수밖에 없습니다. 그러나 위기를 벗어남에 따라 덩치가 커져 독점 아닌 독점을 일부 시장 내에서 새롭게 이어갈 수 있는 상황이 펼쳐진다면 분위기는 역전될 수밖에 없음을 짐작할 수 있습니다.

그러나 포스트 코로나 시대에 대비하는 FSC 항공사의 전망이 인수합병 과정 등에 의해 규모의 경제를 실현하거나 화물 독점 등으로 다소 밝아 보일 수 있습니다만, 어두운 면을 놓치지 말아야 합니다. 단거리 위주의 관광지 노선에 집중하는 저비용 항공사와 달리 장거리 특히 업무차 항공교통을 이용하는 수요가 중요한 FSC 항공사의 경우 기존 수요 회복 속도에서 다소 부정적인 전망이 우세합니다. 업무를 위한 국제 이동은 무엇보다 먼저 회복될 수밖에 없을 것으로 생각할 수 있으나, 2020년을 뒤덮은 감염병 확산은 여러 기업의 업무형태를 바꿔놓을 만했던 것으로 보입니다.

훨씬 오래전부터 기업 내 화상회의 혹은 재택근무 등을 확대하기 위한 목소리가 있었으나 중요도에서 항상 밀려왔던 것이 이번 위기 속에서 제대로 자리 잡게 된 곳이 많습니다. 화상회의를 위한 프로그램과 시스템의 발전은 결국 FSC 항공사의 수요 회복에서 가장 큰 경쟁자로 발돋움한 것이라 볼 수 있죠. 불필요한 이동을 줄일 수 있는, 그러나 과거와 달리 불편함이 최소화된 화상회의 시스템 때문에 직접 대면하지 않고도 국제적인 소통이 가능해진 시대로 돌입하면서 비즈니스를 위한 승객 확보에 차질이 생길 수 있음을 이해하고 이에 의한 마이너스를 채울 수 있는 전략이 시급해 보입니다.

물론 저비용 항공사 역시 관광을 위주로 노선을 구성하는 것이 일반적입니다만, 여전히 감염병 확산 추세가 줄어들더라도 모든 것이 전과 같이 돌아갈 수 없음을 이제 모두가 인정하고 있는 만큼 가까운 미래에는 복잡한 출입국 절차와 방역을 준수하기도 함으로써 새롭게 생긴 여러 추가과정을 제거할 수 없겠죠. 이를 바탕으로 저렴한 가격을 제시하되 최소한의 인력과 기체를 바탕으로 가까운 노선을 쉴 새 없이 운항해야 하는 LCC의 장래가 막연히 밝은 것은 아닐 듯합니다. 이른 시기에 전과 같은 손쉬운 출입국 및 탑승과정을 비롯하여 항공사를 운영하면서 필요한 모든 절차로 돌아갈 수 없기에 운항횟수 역시 과거보다 줄어들며 이에 따라 항공운임 역시 소비자가 저비용 항공사를 이용하며 기대할 수 있는 수준으로 제시하기 어려운 시기가 이어지리라 판단됩니다.

물론 감염병 확산과 함께 전 세계에서 가장 큰 화두로 떠오른 환경과 관련한 정책에서 FSC 항공사보다 조금 더 우위를 선점할 수 있는 조건을 가지고 있긴 합니다. 전 세계 탄소가스 배출량의 10%에 가까운 양이 항공기 운항을 통해 배출된다는 사실이 여러 자료를 바탕으로 밝혀졌습니다. 이를 줄이기 위한 국제적인 움직임이 활발해짐과 동시에 항공수요가 증발한 현재의 위기 속 A380과 같은 대형기의 효율이 떨어짐을 인정한 항공사가 속출하는 만큼 연비효율은 물론 방역을 위해서도 그리고 시장상황의 회복속도에 따라 예상되는 현 수요에도 적합할 것으로 보이는 중소형기로 당분간 시선이 쏠릴 수밖에 없기 때문이죠.

에어버스만을 놓고 본다면 A321 Neo와 같이 연비 효율적인 측면에서 좀 더 우세한 기종을 이미 가지고 있거나 꾸준히 도입의사를 밝힌 저비용 항공사가 많다는 것으로 보아 앞으로의 시장상황에서도 LCC의 기세는 꺾이지 않을 듯합니다. 특히나 신규 저비용 항공사의 등장 역시 좋은 기회일 수 있다고 보는 주장이 많은 편입니다. 물론 무급 휴직과 구조조정을 넘어 파산이란 결과까지 나오는 현재의 시장상황에서 신규 항공사의 출현에는 허가를 담당하는 기관인 국토부의 책임론까지 제기되는 것이 국내 상황입니다. 신입 승무원을 채용하여 입사 후 교육까지 마친 단계에 있는 에어프레미아는 물론이며, 1호기 도입 후 현재까지 청주공항 주기장에 계류되어 최근 AOC를 발급받은 에어로케이, 사실상 실체가 공개되지 않은 시리우스 에어라인까지 각기 다른 전략을 내세우며 시장에 출사표를 던졌습니다.

감염병 확산과는 별개로 그 이전 시기에 이미 설립되어 허가를 받고 운항 증명 발급을 기다리는 단계에까지 왔으나 출혈 경쟁이 불가피한 시장상황 속 국토부의 결정만을 기다리는 그림입니다. 물론 단순히 국내시장상황만을 놓고 본다면 신생 항공사의 등장이 그들의 파산 우려 때문에 허가를 기대할 만큼 녹록지 않음은 분명하죠. 그러나 국제적인 전문 기관과 전문가의 포스트 코로나 시대 항공시장의 전망에서 꾸준히 언급되는 신생 항공사의 전망은 대체로 밝은 편입니다. 일본, 아일랜드, 인도네시아 등 여러 국가에서 국내와 같이 포스트 코로나 전후로 이미 여러 신생 항공사의 등장이 예고됐습니다.

누가 더 안타까운지를 놓고 저울질할 수 있는 문제가 아님은 분명합니다만, 여전히 위기 속에서 사라진 기존 항공사의 자리를 대체할 누군가의 등장이 당연할 수밖에 없는 것이 시장의 논리 중 하나가 아닐까 싶습니다. 특히나 항공수요 감소 때문에 새로운 항공기 도입은커녕 기존 항공기의 퇴역까지 앞당겨 진행하고 있는 기존 항공사의 움직임 때문에 사실상 항공기 제작회사 역시 함께 침몰하는 상황에서 신생 항공사의 등장을 통해 새로운 항공기 구매가 이뤄짐에 따라 과거와 달리 더 좋은 조건으로 구매할 수 있다는 점, 마이너스 성장으로 자금 확보가 어려운 기존 항공사와 달리 대체로 시작 시점인 만큼 충분한 현금을 확보하고 있다는 점, 그리고 구조조정과 파산 등으로 쏟아진 일부 우수한 항공 전문인력을 쉽게 확보할 수 있다는 등의 장점이 있을 수밖에 없는 시점이 아닐까 싶습니다. 이처럼 본격적인 비행 시작을 앞둔 전 세계 여러 신생 항공사와 기존 LCC 항공사 그리고 시장 서열 변화가 본격적으로 시작된 FSC 항공사까지 운영형태와 이를 바탕으로 시장에서의 방향성이 각기 다른 만큼 백신 상용화에 대한 본격적인 논의가 시작되는 시점에서 포스트 코로나 시기에 우위를 선점하기 위한 항공사의 개별적인 내부 노력이 더욱 치열하게 시작되리라 판단됩니다.

　물론 객실 승무원이 되기 위한 의지를 굽히지 않고 꾸준히 면접을 준비하는 사람이라면 이러한 기업의 내부 움직임까지 속속들이 알 수도 없으며 알 필요도 없습니다만, 적어도 포스트 코로나로 바뀔 수밖에 없는 사회에 전반적인 변화를 포착하여 이를 바탕으로 내가 미래에 종사하고자 하는 항공산업이 가고자 하는 목표에 대한 방향 그리고 변화를 읽고자 노력해야 한다는 것을 잊지 말기 바랍니다.

승
무
원
트
렌
트

2　　　0　　　2　　　1

포스트 코로나 시대,
승무원 면접 준비 유의사항은?

학교든 사설기관이든 간에 국내와 외국 항공사에 대한 구분을 떠나 객실 승무원을 하나의 직업으로 삼기 위해 꼭 통과해야 하는 면접을 준비하는 과정을 돕기 위한 업계에 모인 인력은 현재 대부분 그러할 것이라 예상됩니다만, 최대한, 이 직업이 속한 항공시장 그리고 더 큰 범위에서 관광업계에 대한 좋은 방향의 소식을 학생들에게 전하고자 노력하는 시점이 아닐까 생각합니다. 그러나 일부 시각에서는 최대한 긍정적인 분위기를 형성하는 것으로 보이는 그들의 이러한 행동에 대해 결국 학교는 입시 지원자를 그리고 사설기관은 수강생을 모으기 위한 하나의 전략으로 판단하기도 합니다. 물론 어디까지나 이는 본인의 개인적인 주장입니다만 승무원 교육을 받고 실무에 투입되어 인재라는 평가를 받을 수 있는 과정에 직접적인 영향을 주는 교육을 하진 못하더라도 적어도 수많은 지원자 중 기업의 입장에서 맘에 드는 혹은 조금이나마 가능성을 많이 내포한 것으로 보이는 지원자를 더 많이 마주할 수 있도록, 다시 말해 면접에서 좋은 평가를 받을 수 있는 모습을 갖추기 위한 도움을 주는 교육을 하는 역할을 함에서는 분명 일조하고 있다고 믿기 때문에 그들의 이러한 행동은 단순히 '장사'를 잘하기 위해서만 하는 행동은 아닐 것이라 확신합니다.

물론 면접을 돕는 과정 역시 봉사활동의 일종으로 볼 수 있는 재능 기부와 같은 것이 아닌 결국은 '교육장사'일 수밖에 없음을 누구보다 잘 이해하고 있지만, 이러한 저의 주장과는 달리 일부 종사자의 경우 '교육'이 빠진 단순히 '장사'만을 위해 현재 항공시장 상황에 대해 긍정적인 분위기만을 의도적으로 형성하거나 현재 업계에 닥친 적나라한 사실을 가린 채 승무원이 되기 위해 면접을 준비하고자 하는 사람을 마주하기도 한다는 것이죠. 항공사의 근황과 채용 전망에 대한 근거 없는 주장은 물론이고 더 나아가 이러한 근거가 빠진 주장조차 없는 영양가 없는 정보가 너무나도 쉽게 온라인상에서 생산되는 점은 안타깝기 그지없습니다.

정보를 생산하여 제공하는 목적이 무엇이든 간에 결국 검증되지 않은 정보들이 수도 없이 쏟아지는 현대사회에서 정보력이 중요시되는 항공 채용을 준비하는 학생에게 더더욱 중요한 것은 다양한 정보를 무방비상태로 받아들이기만 하는 것에서 끝날 것이 아닌 올바른 정보를 가려내어 나에게 유익한 내용만을 흡수할 수 있는 능력을 갖추기 위해 노력해야 하는 것이 아닐까 싶습니다. 저 역시도 면접을 준비하는 과정을 돕는 강사로 일하며 오프라인 강의 그리고 온라인과 책을 통해 생산하는 정보와 지식은 최대한 현재 시국에 맞춰 그것이 비록 부정적인 경향을 띠더라도 다양한 방향성을 가지고자 노력하고 있습니다.

하나의 예로 이어서 얘기할 내용은 에티하드 항공 승무원의 대규모 해고 소식이기 때문이죠. 이 직업에 대한 정확한 마음가짐과 조금은 어려울 수 있는 준비과정에서 포기하지 않을 확실한 의지가 필요함을 강조해 왔지만, 변화하는 시장과 사정에 맞춰 이 직업에 대한 확실한 마음은 여전히 필요하지만, 전에 없던 위기를 겪고 있는 시장인 만큼 차선책을 준비해야 함은 물론 더 나아가 이미 차선책을 위해 취업활동을 하고 있어야 한다는 것을 현재 조금은 새롭게 주장하고 있다는 것만 보더라도 조금은 유연한 사고와 폭넓은 지식 그리고 경험을 겸비하는 것이 삶에서 얼마나 중요한지를 저 역시도 깨닫는 요즘이 아닐까 싶습니다.

그런 의미에서 오프라인 강의에서도 항상 강조하는 것 중 하나인 포스트 코로나에 진행될 승무원 면접에서 중요한 것 중 하나로 승무원이라는 직업을 떠올림에 있어 누구든 예상할 수 있는 좁은 시야에서의 경험을 넘어 다양한 분야의 지식과 경험을 겸비하는 것 그리고 그것을 면접에서 나라는 사람을 은은하게 빛낼 수 있도록 자연스럽게 보여줄 수 있는 준비가 필요하다는 것을 강조합니다. 다소 극단적인 생각일 수 있지만, 위에서 언급했던 것과 같이 기약 없는 위기 속에 앞으로 수

년간 신규 채용은 기대할 수 없을 것이란 생각을 하는 부정적인 시각을 가진 항공사 면접을 준비하고자 했던 혹은 부정적인 시각을 가지되 장기적인 관점에서 여전히 준비하는 학생을 돕기 위해 그 어떠한 긍정적인 언급을 하더라도 현재로선 밝은 전망을 가질 수 없다는 점은 충분히 이해합니다.

조금만 관심을 가지고 이 시장의 상황을 알고자 한다면 연일 쏟아지는 다소 자극적인 그러나 사실상 현실을 알 수 있기 때문이죠. 국내 사정만 보더라도 이미 알 수 있지만, 굳이 국외 사례를 얘기하자면 영원한 호황을 이어갈 것만 같던 카타르 항공을 포함한 중동 빅3로 분류되는 에미레이트 항공과 에티하드 항공 역시 짐작할 수조차 없는 규모에 대량해고 혹은 무급휴가 조치가 2020년부터 현재까지 꾸준히 진행되고 있습니다. 중동 항공사의 황금기와도 같았던 2000년대 초반 시절, 지금과는 달리 끝도 없이 항공기를 도입하고 이에 맞춰 신입 승무원을 전 세계에서 채용했던 것과 달리 2021년 현재 끝이 보이지 않는 위기 속 승무원 해고 역시 현재 진행형의 상황입니다. 에티하드 항공 역시 정확한 인원에 대한 공개를 꺼리는 것으로 보이지만, 전문가들에 의한 분석에서 적어도 객실 승무원만을 기준으로 본다면 1,000명에 달하는 인원이 해고될 것으로 전해집니다. 대략적인 숫자로 5,000명에 달하는 전 세계 다양한 국적을 가진 승무원이 소속된 에티하드 항공에서 일부 국가만 감염병 확산에 대한 진정세를 보이는 것과는 달리 주력 노선이라 볼 수 있는 유럽, 즉 독일과 프랑스 등에서 2020년 11월 감염병 확산세가 다시금 커지며 결정한 국가 봉쇄조치에 따른 추가 해고인 것으로 판단됩니다.

한국인 승무원을 비교적 대거 채용한, 다시 말해 한국인 승무원이 많은 편에 속하는 항공사인 카타르 항공, 에미레이트 항공, 동방항공, 에어아시아 등과 함께 시기에 따라 다르지만, 한국인 채용을 꾸준히 해왔던 항공사인 만큼 대량 해고자에 수많은 한국인이 포함된 것으로 보입니다. 물론 항공사의 위기는 감염병 확산으로 정점을 찍은 현재가 아닌 과거에도 꾸준히 있었으나, 외국 항공사 채용을 기다리고 준비했던 사람의 위치에서만 본다면 탄탄한 자금력과 공격적인 시장 확대 등으로 인해 꾸준히 국제시장에서 승무원 채용을 이어온 중동 항공사에 닥친 대규모 해고사태는 충격일 수밖에 없을 듯합니다.

채용규모 자체가 여타 다른 항공사에 비해 컸던 만큼 해고 규모역시 클 수밖에 없는 것은 어찌 보면 당연합니다만, 여전히 그 충격 역시 클 수밖에 없을 듯합니다. 해고자에 포함되어 퇴사하게 된 혹은 앞으로 퇴사하게 될 인원은 물론이며 추가 해고자 발표에 대한 두려움의 시간을 보내고 있을지도 모를 승무원에게 너무나 안타까운 소식들이이어짐은 분명합니다만, 결국 항공사는 항공사를 운영하면서 유류비에 이어 가장 많은 지출로 분류되는 인건비에 대한 부담을 줄이고자 해고 혹은 무급휴가를 진행함으로써 기업의 몸집을 줄여 잠시나마 무게를 가볍게 함으로써 위기를 극복하고자 한다는 것 역시 부정할 수 없는 사실이자 이 직업을 선택하기 위해 면접을 준비하는 학생으로서 잊지 말아야 할 사실이 아닐까 싶습니다. 스스로가 오랜 고심 끝에 결정하여 퇴사하는 것과 달리 타의에 의해 퇴사하게 되는 안타까운 소식이 하루가 다르기 전해지는 시기입니다만, 여전히 이 직업에 대한 의지와 마음가짐을 이어가고자 하는 입장에 있다면 이 시장에 대한 변화, 즉 그것이 긍정이든 부정이든 올바른 정보를 흡수하여 대처함과 동시에 현재 주어진 삶에 대한 노력 역시 소홀하지 않은 시간을 보내기 바랍니다.

대한항공 5성급 항공사 합류!
달라질 채용 방향

항공사는 물론이고 항공사가 아닌 다른 산업군에 속한 기업 역시 신규 인력을 채용한다는 것은 결국 신사업을 구축하거나 기존 사업을 확장함에 따라 추가 인력이 필요하게 됩니다. 신규 노선을 취항하거나 기존 노선의 비행 횟수를 늘리는 과정에서 신규 항공기가 추가로 도입되는 것을 타 기업으로 본다면 신사업이라고 말할 수 있을 듯합니다. 추가 인력이 요구되는 이러한 과정은 결국 회사의 몸집을 키우기 위한, 다시 말해 더 많은 이윤 창출을 위한 전략인 만큼 객실 승무원을 포함하여 항공사 입사를 준비하는 분이라면 항공사의 운영추세에 따르는 것이 중요할 수밖에 없다는 것을 짐작게 합니다.

이윤 확대를 위한 사업 확장 및 규모를 키우기 위한 여러 전략은 결국 신규 채용으로 이어질 수밖에 없다는 것이 일반적이기 때문입니다. 직접적인 채용으로 이어질 수 있는 소식은 대부분 호재로 국한됩니다. 그럴 수밖에 없는 것이 항공사의 운영에 차질을 빚게 되었다는 것을 들키는 악재 소식이 이어진다면 기존 인력을 최대한 활용하려 하거나 그들조차 존폐 위기에 놓일 수밖에 없기 때문이죠. 이를 바탕으로 최근 포스트 코로나에 대비하기 위한 여러 전략을 쏟아냄과 동시에 이러한 시기에 구축한 신사업 혹은 위기 대응 능력을 좀 더 강화하는 움직임을 통해 일찌감치 학습된 능력이 빛을 발하며 대한항공과 진에어 등은 화물운송 사업으로 수익을 창출하는 항공사의 행보가 주목을 받았습니다. 조금 늦은 감은 있습니다만, 일부 저비용 항공사의 경우 카고 시트 백 등을 이용하여 보유한 기체를 최대한 대체 화물기로 활용하고자 노력하는 움직임을 보이나 이 역시 사실상 소형 기체의 한계점에 부딪히며 큰 수익을 내거나 주목할 만한 성과를 내지는 못했죠. 그런데도 여전히 국내선 노선에 총력을 다하거나 오프라인 시장에서 항공사의 이름을 걸고 수익을 창출할 수 있는 사업 다변화를 시도하는 것 역시 장기적인 관점에서 본다면 포스트 코로나 시대를 맞이하더라도 수익구조를 개편할 수 있는 계기가 될 것이란 전망입니다. 이제는 항공사가 운송사업만으로 이윤을 창출하지 않아도 된다는 것을 알게 된 시점이 아닐까 싶습니다. 물론 백신이 상용화된 후에도 일부 논란이 되는 부작용에 대한 소식을 바탕으로 뉴노멀 비행시대 역시 불투명해지고 있습니다만, 그런데도 그 속에서 항공여행 수요 회복에 대한 긍정적인 예측 역시 꾸준히 쏟아지고 있음을 알 수 있습니다.

운송료 상승과 백신 및 의약품 수송 등을 위한 콜드 체인기술을 바탕으로 앞으로 더 활발해질 것으로 보이는 의료물자 수송 등으로 인한 화물운송 사업에서의 매출 상승은 물론이고 추후 면역 여권 사용이 활발해지거나 이를 통한 국가 간 신뢰를 바탕으로 한 트래블버블을 체결하거나 자가격리가 면제되는 등의 항공여행 수요 회복을 기대하게 만드는 소식 역시 2021년에도 꾸준히 나오는 상황입니다. 결국 항공사 운영에 있어 호재로 볼 수 있는 소식이 쌓이며 항공수요는 점차 회복될 수밖에 없는 만큼 결과적으로 항공사 승무원 채용의 부활 역시 그 시기가 다가오고 있음을 짐작게 합니다. 물론 최소 2년 가까운 시간이 소요될 수밖에 없다는 주장을 부정할 수는 없는 게 현실이지만요. 그런데도 최근 쏟아진 호재를 바탕으로 포스트 코로나 시대를 맞이함과 동시에 가장 빠른 회복력을 보이며 채용 재개의 신호탄을 쏠 것으로 전망되는 항공사 역시 꾸준히 제시할 수 있을 듯합니다.

국토부 제재를 바탕으로 억눌렸던 성장동력이 폭발할 것으로 보이는 진에어는 물론이고 콜드 체인을 일찌감치 구축하여 의료물자 수송을 가능케 한 대한항공 역시 그 선방에 있을 것으로 보입니다. 물론 저비용 항공사의 고속성장을 바탕으로 FSC 항공사만이 가능할 것으로 보였던 3 자릿수 이상의 채용 규모를 따라잡으며 시장 내 점유율을 늘려갔으나 여전히 대한항공 채용의 경우 가장 많은 국내 항공 승무원 수를 유지하고 있는 채용시장의 큰손인 만큼 모든 것이 제자리로 돌아갈 시점을 예상해 본다면 독보적인 채용 규모를 꾸준히 유지해 나갈 수 없

을 것으로 보입니다. 수개월에서 수년이 걸릴 수 있지만, 아시아나항공
과의 결합이 최종적으로 성사된 후를 생각한다면 더더욱 이러한 주장
에 힘을 실을 수밖에 없겠죠.

특히나 현재 가장 주목받는 화물운송 능력은 물론이고 권위가 아
닌 규모만을 놓고 본다면 항공사를 평가하는 전문업체 중 가장 크다고
볼 수 있는 스카이트랙스에서 매기는 항공사 등급 중 현재까지는 최고
등급으로 볼 수 있는 5성급을 달성했다는 소식 역시 주목해야 할 듯합
니다. 싱가포르 항공, 아시아나항공, ANA 등 주요 아시아 대륙의 굵직
한 항공사를 포함하여 총 10개의 항공사는 Skytrax가 선정한 5성급 항
공사로 이름을 올리고 있으며 최근 발표를 통해 대한항공 역시 4성급
에서 5성급으로 상향 조정되었다는 것을 밝혔죠. 사실상 항공산업에
관심을 갖고 있거나 항공사에 종사하는 사람이 아닌 승객의 입장으로
만 본다면 성급에 따라 혜택에 차이가 있거나 체감할 만한 어떠한 차이
점을 시사하지는 않는 만큼 큰 관심을 두지 않는 것이 일반적입니다만,
여전히 항공시장 내에서는 큰 의미를 부여할 수 있을 만한 소식이라 볼
수 있습니다. 특히나 대한항공의 경우 꾸준히 4성급을 유지했다는 점
만을 놓고 본다면 큰 문제가 되지 않을 수 있으나, 경쟁사 중 한 곳으로
볼 수 있었던 아시아나항공이 8년 넘게 5성급에 지정되어 있었다는 것
을 생각한다면 분명 항공사 내에서는 성급 관리를 위한 노력을 꾸준히
취했을 것이라 판단됩니다. 그렇기 때문에 5성급으로 상향됐다는 소식
은 여러모로 큰 의미를 가질 수 있습니다. 물론 아시아나항공과의 인수

합병 진행으로 인해 규모의 경제를 실현할 것이란 기대심리가 작용하며 성급을 평가하면서 긍정적인 영향을 미쳤을지도 모른다는 일부 의혹이 제기되기도 합니다만, 스카이트랙스 측을 통해 공식적으로 공개된 자료를 참고한다면 이번 평가는 아시아나항공 인수와 관련이 없음을 밝히고 있습니다. 감염병 확산으로 인해 국제선 운영이 사실상 멈춰버린 2019년 2월 전 모든 평가가 끝났다는 것을 밝히며 인수합병과 성급 상향의 상관관계에 대한 의혹에 선을 긋는 듯 보입니다.

스카이트랙스에서 개별적인 항공사 등급을 평가하는 방법은 꽤 세부적인 것으로 알려져 있습니다. 일정 횟수 이상 승객으로 탑승하여 평가항목을 체크하는 것이 가장 기본적인 평가방법이죠. 이들이 항공사의 성급을 평가하는 가장 큰 기준은 서비스입니다. 공항에 도착하여 마주하는 항공사 지상직을 통한 출국절차는 물론이고 탑승해서 하기할 때까지 모든 단계의 서비스가 평가되는 것으로 보이며 특히나 이들은 유독 기내 청결상태, 즉 위생과 청소 상태 등에 집착하는 것으로 보인다는 점은 조금 특별한 포인트가 아닐까 싶습니다. 공항과 기내에서 항공사로부터 제공되는 여러 서비스는 다양합니다만, 최근 감염병 확산으로 인해 위기를 겪고 있는 항공사가 포스트 코로나 시대를 맞이하여 뉴노멀 비행이 시작되더라도 항공산업에서 가장 대두될 수밖에 없는 것이 위생과 방역인 만큼 앞으로도 항공사를 평가하면서 이러한 능력을 세심하게 평가하리라 판단됩니다. 특히나 이륙 후 착륙하기까지 순항 중 기내 청결상태의 몫은 오로지 객실 승무원의 능력인 만큼 더더욱 복잡한 업무절차가 추가될 것이라 생각합니다만, 기존에 그 어떠한 비행 업무절차보다 더 앞으로 중요해질 사안으로 조명될 것이기 때문에 이를 참고하여 이 직업에 요구되는 자질에 대한 이해를 시작으로 면접을 준비하면서 도움이 될 수 있는 정보가 되었기를 바랍니다.

Role-playing
준비방법은 달라져야 한다

채용공고를 확인하고 서류 전형에 지원한 뒤 항공사에 따라 2~3번의 면접 전형을 치르고 최종 합격하는 과정을 글로만 본다면 간단하게 보일 수 있으나 실제 최소 2개월에서 5개월까지도 걸리는 기간인 만큼 철저한 대비가 필요할 수밖에 없습니다. 물론 최종합격이라는 결과를 위해서 여러 면접단계에 필요한 내용을 미리 준비해야 한다는 것은 부정할 수 없는 사실이지만 여전히 자세, 태도, 미소, 영어 면접, 롤 플레이 등으로 분류되는 면접 준비 내용 중 일부는 힘을 빼야 하는, 다시말해 과도한 준비가 독이 되는 내용도 있음을 알아야 합니다. 승무원 면접과 관련하여 소위 전문가라고 할 수 있는 면접 강사로 일하며 만나는 여러 학생 중 누가 보아도 매우 완벽한 자세, 태도, 미소 등은 물론이고 돌발질문과 압박에도 흐트러짐 없는 모습을 보이는 실력을 갖췄음에도 매번 최종 탈락되는 경우를 쉽게 볼 수 있습니다.

물론 승무원 면접을 준비하는 과정에 일부 도움을 주는 강사라고 하여 실제 항공사 면접관 개개인의 다양한 잣대를 모두 파악하여 합격할 수 있는 정답을 모두 안다고 절대 말할 수는 없으나, 비슷비슷한 여러 지원자 속에서 누가 봐도 완벽한 면모를 갖춘 지원자들이 탈락됐다는 결과를 받을 수밖에 없는 이유의 공통점만큼은 확실히 제시할 수 있을 듯합니다. 저 역시도 승무원이 되기 위해 준비한 시간 그리고 수많은 면접 경험과 실제 비행을 했던 시간, 합격은 물론 탈락하는 학생을 수도 없이 마주하며 가르친 시간을 통해 알 수 있는 여러 사실 중 하나는 모든 상황에 짜인 듯 완벽한 모습을 보이는 것이 승무원 면접에서만큼은 독이 되는 경우가 더 많다는 것이죠. 그렇다고 하여 면접관은 아무런 준비가 되어 있지 않은, 다시 말해 모든 상황에 어리숙한 지원자를 선호하지 않는다는 것 역시 간과해선 안 됩니다.

기내에서 벌어지는 수많은 사건·사고는 신입 승무원, 즉 업무 대처능력이 다소 미숙한 사람을 피해서 나타나는 게 아니라는 사실이죠. 그래서 면접에 참여하기 위해 준비할 수 있는 여러 내용 중 일부분에서만큼은 사설기관이나 학교 혹은 전문가를 통해 얻은 정답을 그대로 준비하지 않는 것이 어리숙하지도 그렇다고 준비된 듯 인위적인 모습을 보여 호감을 사지 못하는 것을 피할 수 있는 여러 노하우 중 하나라고 할 수 있습니다.

개개인이 살아온 환경과 경험 그리고 그로 인해 형성된 외적인 이미지 등에 따라 각자 다른 준비 방향이 필요한 만큼 글로써 내용을 전하는 것에 한계가 있으나 면접 준비과정에 필요한 내용 중 롤플레잉에 대한 것만큼은 전문적인 답변을 바탕으로 한 준비는 지양할 것을 추천합니다.

물론 상식선에서 생각할 수 있는 수준의 롤 플레이 질문을 받는다면 정확한 답변을 하는 것이 일반적이지만 항공 승무원에 대한 실제 교육이나 비행 경험이 없다면 다소 알기 어려운 상황에 대한 롤플레잉 질문에서만큼은 누가 봐도 승무원 출신 혹은 항공 전문가에 의해 배운 내용을 답변으로 쏟아내는 것은 몇천 명의 비슷비슷한 지원자와 그들을 통해 듣는 비슷비슷하게 준비된 답변이 면접관에게 다소 인위적인 매력을 전할 수밖에 없다는 것이죠. 그러므로 조금은 경험에 의해서만 알수 있을법한 기내 롤플레잉 질문에서만큼은 정석의 답변이 아닌 나 스스로 생각한 의견을 제시하는 것 또한 면접을 잘 풀어나갈 수 있는 하나의 방법이 될 수 있음을 알아야 합니다.

기내 롤 플레이 수업을 진행하며 항상 강조하는 내용 중 하나가 바로 승무원 관련 책이나 교재 혹은 학원 강의를 통해 얻을 수 있는 정답을 얘기하는 것도 물론 면접을 충실히 준비했다는 점에서 잘못된 것이라 말할 수 없으나 롤플레잉 질문 이외에도 모든 평가항목에 있어 빈틈을 찾을 수 없는 모습은 완벽함이 아닌 인위적으로 준비된 혹은 만들어낸 모습이라는 평가를 받을 수 있어 승무원 면접에서 좋은 인상과 점수를 받기 어려우므로 다소 난도가 있는 기내 role play 질문은 개인적으로 상황을 분석하고 자신의 서비스 정신을 바탕으로 생각하여 한 번쯤 솔직하게 답변을 준비하는 시간을 가져봐야 합니다. 객실 승무원이라는 직군은 2~5개월 정도의 초기훈련 즉, 면접에 합격하여 입사한 후 해당 직군에 필요한 직무에 대한 사내훈련을 통해 만들어지기 때문에 면접에서 모든 것이 갖춰진 듯 준비한 사람을 찾는 것이 아님을 기억하고, 누구든 이미 쉽게 얻을 수 있는 지식을 바탕으로 미리 준비할 수 있는 내용 외에도 연구와 고심을 통해 나만의 색깔과 자산을 면접에서 보여줄 수 있는 준비 역시 필요함을 잊지 말기 바랍니다.

한국인 채용하는 유럽 항공사!
포스트 코로나 승무원 채용은?

어떤 부서에서 어떤 직책으로 어떤 업무를 주되게 하는지 등을 바탕으로 계약한 뒤 근무하던 회사를 각자의 사유에 따라 그만두는 것을 뜻하는 퇴사는 그 결정이 타의든 자의든 간에 끝맺음을 뜻하는 동시에 새로운 시작을 위한 첫걸음이 되기도 합니다. 그러나 어떠한 이유에서든 누군가 퇴사를 결정한 경우 비록 임금이란 대가를 지불받은 노동이 없음을 부정하지 않더라도 일정 기간 그리고 일부분 회사를 위해 일한 직원의 마지막 퇴장에 진심으로 꽃길 걷기를 바라는 회사는 별로 없다는 것은 본인이 퇴사해 보지 않았더라도 현재 속한 회사 내 다른 직원의 퇴사과정을 보며 충분히 목격하여 알 것이라 봅니다. 물론 누군가는 동료의 퇴사를 항상 순수한 마음으로 응원했다고 주장할지도 모르겠으나 그것이 맞다고 해도 결국 동료 개개인의 처지가 아닌 전체 회사의 입장 혹은 퇴사 결정과정에서 마주해야 하는 정도의 직급에 있는 상사의 반응은 다를 수 있기 때문이죠.

사실 같은 무리에서 누군가의 퇴장을 진심으로 응원해 줄 수 있는 분위기와 문화를 가진 집단, 기업이라면 퇴사율 자체가 이미 낮을 듯합니다. 물론 현시점에서 항공사에 속한 객실 승무원은 불투명해진 미래가 더욱 길어지고 자발적인 퇴사를 결정한 인원 역시 꾸준히 증가하는 추세이지만 과거와 달리 항공사는 자발적인 퇴사자의 결정에 어떠한 평가를 하기는커녕 잉여인력이 줄어듦에 따라 환영하는 수준이 되었다는 것은 안타까운 상황을 대변한다고 하겠습니다. 그럴 수밖에 없는 것이 최근 여객 수송을 주로 하는 항공사가 속한 항공산업은 국내외 구분 없이 화물운송으로 실적을 메꾸고 있는 일부 항공사를 제외한다면 내일 당장 공중분해되었다는 기사가 발표되도 이상하지 않을 수준의 항공교통 수요를 바탕으로 적자를 이어가고 있기 때문입니다.

관련 기관과 매체에서 쏟아내는 자료와 지표 등을 참고한다면 여객 혹은 항공 운송을 통해 확보하는 수익보다 고정비용 지출이 더 많은 현재 상황을 적자라고 표현하기엔 부족하다는 생각까지 듭니다. 계산기를 두드려 숫자로 정확한 수치를 확인하지 않더라도 현장에서 근무하는 현직자의 생생한 증언을 통해서도 이는 충분히 이해할 수 있을 듯합니다.

현장에서 근무 중인 객실 승무원의 말을 참고하면 6개월 이상 혹은 일부는 승무원 자격을 유지하기 위해 매년 이수해야 하는 교육만 간

신히 유지한 채 1년간 비행하지 않고 휴직 중인 사람도 있습니다. 6개월 만에 복귀한 12월의 비행시간은 20시간이 채 되지 않는 상황이죠. 사실상 휴직자와 별다를 게 없는 일정입니다. 특히나 일부 항공사는 수요 증발에 대한 사태를 더욱 장기전으로 보고 대대적인 항공기 반납 계획을 세우는 곳도 있는 것으로 전해집니다. 외국 항공사의 사정 역시 다를 건 없습니다. 오히려 더 심각하다고 보는 게 맞을 듯합니다. 물론 국내 항공사의 경우 감염병 확산 전부터 이미 경영 악화가 시작되었던 이스타 항공을 제외하면 이번 사태로 인해 당장 무급휴직 이상, 즉 해고를 포함한 구조조정 및 파산이란 결과를 마주한 항공사는 없으나 사실상 기간산업 안정기금을 포함하여 당장 붕괴할 수 있는 부분을 받치고 있는 부채 덩어리는 점점 더 몸집을 키워가고 있는 데 반해 수요에 대한 회복속도 혹은 기대 가능성은 점점 더 희박해지는 위태로운 모습을 보인다는 것 역시 무시할 수 없으나 외국 항공사 중에서도 유럽의 상황은 처참합니다.

특히나 유럽 항공사 중 한국인을 객실 승무원으로 채용한 항공사는 유럽 내에서도 항공시장을 이끄는 주요한 항공사가 대부분이며, 이들은 타 항공사와 비교해 보더라도 코로나19 확산으로 인해 무급휴직을 넘어 조금씩 규모의 차이는 있으나 해고를 포함한 구조조정에 대한 강도가 더 거센 것으로 보입니다. 세계 최대 규모로 항공산업 관련 기사를 다루는 Simple Flying을 통해 2020년 12월 중 공개된 자료를 참고하여 보자면 우선 신입 지원자는 물론이고 근속연수가 얼마든 다수의 경력직 승무원 역시 근무조건과 환경, 복지 등에 관한 얘기를 들어 봤다면 한 번쯤 지원을 생각해 볼 정도로 2년 이상 근무할 수 없다는 것 외에는 매력적일 수밖에 없는 KLM 네덜란드 항공은 2021년까지 총 5,000명의 인력을 감축할 것임을 밝혔습니다.

단계적으로 2021년 하반기까지 이뤄질 것으로 보이는 5,000명 감축은 승무원을 포함한 1,500명의 직원을 해고하는 것을 시작으로 1,500여 명에 달하는 임시 계약직의 계약 미갱신 및 2,000여 명의 명예퇴직 유도를 통해 채워질 것이라 전해집니다. 물론 이는 현재까지의 시장상황과 항공사에서 판단하는 단기적인 수요 예측을 바탕으로 한 수치인 만큼 추후 일어날 수 있는 여러 변수에 따라 충분히 달라질 수 있으리라 판단됩니다. 최악의 사태가 이어진다면 해고 인원 역시 늘어날 수밖에 없다는 것은 부정할 수 없을 듯합니다.

물론 반대의 상황도 열어둬야 합니다. 2004년 KLM을 인수했고 한국인은 기내 통역업무를 위해 채용하는 에어프랑스 역시 6,500여 명에 달하는 인력에 대한 해고를 밝혔고, 이 역시 2022년까지 단계적으로 이어질 것으로 보입니다. 한국인 승객의 통역을 주 업무로 탑승하는 한국인 통역 승무원을 채용해 왔던 알 이탈리아의 경우 초기 국영화로 설립된 뒤 재정 악화로 민영화된 뒤 코로나19 사태를 바탕으로 다시금 재국영화를 준비 중인 것으로 전해집니다. 이로 인해 재국영화를 명목으로 새롭게 세워질 항공사는 기존 알 이탈리아 항공 인력의 질반 수준인 5,000여 명과 함께할 것이라 합니다.

알 이탈리아 항공의 인천 노선을 담당했던 GSA, 즉 총판매대리점 역시 3월 이후로 운영이 중단된 만큼 추후 새롭게 재단장하여 운영될 항공사에서 인천 노선 운영 계획에 따라 한국인 통역 승무원에 대한 채용 역시 운명이 달라질 것으로 판단됩니다.

코로나19 확산의 여파로 헬싱키와 부산을 잇는 신규 노선 취항 역시 무기한 연장된 핀에어는 비교적 타 유럽 항공사보다 한국인 승무원 채용의 주기가 긴 만큼 경쟁률이 높은 편으로 알려진 곳입니다. 특히 서울에 베이스를 두고 비행할 수 있는 한국인 승무원 1기를 7년 전 채용한 뒤 올 초 한국 베이스 한국인 승무원으로는 2기를 채용하였고, 부산 취항을 앞둬 또다시 추가 채용에 대한 기대가 부풀기도 했었죠. 핀에어는 2020년 10월 전체 직원의 10%인 700여 명을 감축하기로 하였고 700명 중 100명은 해외 근무자로 밝힌 만큼 이 중 핀란드가 아닌 타지에 베이스를 두고 비행하는 객실 승무원이 포함되는지에 대해서는 공개된 것이 없습니다.

가장 최근의 역사를 본다면 2015년과 2018년에 한국인 승무원을 채용한 루프트한자는 베이스에 대한 만족도가 대체로 높은 독일에 거주하는 만큼 외국 항공사 취업을 준비하는 학생에게 매우 선호도가 높은 곳 중 하나가 아닐까 싶습니다. 물론 채용 진행 빈도가 낮은 편입니다. 루프트한자를 포함하여 스위스 항공, 브뤼셀 항공 등 여러 항공사와 관련 기업이 포함된 루프트한자 그룹은 그룹 내 총감축 인원수는 22,000명이라 밝히고 있습니다. 그룹 내 138,000명에 달하는 총근무자 중 2만 명이 넘는 인원인 만큼 루프트한자에 속한 외국인 승무원 역시 해고 대상자에서 벗어날 수는 없을 것으로 판단됩니다. 22,000여 명의 인원 중 루프트한자에서 포함될 인원은 5,000여 명 수준인 것으로 전해집니다. 이외에도 아시아나항공과 기내식 수급 문제로 갈등을 겪었던 기내식 공급업체인 LSG 역시 루프트한자 그룹의 자회사로 22,000명 중 가장 많은 7,500여 명이 감축인원에 포함된다고 합니다. 항공교통 수요의 감소는 결국 항공기 운항횟수에 가장 먼저 영향을 주어 필요한 기내식 수 역시 줄어들 수밖에 없으나 조금 더 생각해 본다면 항공교통을 이용하는 수요와는 별개로 기내 감염에 대한 우려는 향후 몇 년간 인류를 괴롭힐 숙제로 남을 수밖에 없는 만큼 비행 중 기내식을 먹지 않는 인원이 발생할 수 있다는 것까지 고려한다면 기내식 공급업체 역시 감내해야 할 고통은 커질 것으로 예상됩니다.

한국인 승무원을 채용했거나 앞으로도 할 것으로 보이는 주요 항공사 외에도 유럽으로 분류되는 국가에 속한 수많은 항공사에서 위와 비슷한 해고 수순을 계획하거나 이미 밟고 있는 것으로 파악됩니다. 비교적 근무환경과 처우가 좋아 외국 항공사의 채용을 준비하는 지원자에게 일부 유럽 항공사는 꿈의 직장으로 불렸던 것과 달리 2021년에도 이어질 것으로 보이는 연속 해고 속 향후 신규 채용은 더욱더 멀게만 느껴지는 게 사실입니다. 그러나 지금까지 한국인 승무원을 채용한 유럽 항공사의 경우 경영상태와는 별개로 인천 혹은 앞으로 부산 역시 포함되겠지만 한국 노선을 운영하면서 필요하다고 판단되는 수만큼의 인원은 꾸준히 채용했다는 것에 주목해야 합니다. 비록 유럽을 제외한 타 대륙에 속한 한국인을 승무원으로 채용하는 항공사 역시 동일한 선상에 놓고 얘기할 수는 없으나 여전히 유럽 항공사의 경우 평균적으로 본다면 일시적으로 경영위기를 겪거나 재정 악화 중에도 한국을 비롯하여 언어 장벽을 느낄 수 있는 국가로 취항한 노선에 필요한 국적의 승무원은 꾸준히 유지해 왔던 것을 볼 때 코로나19 확산사태로 전에 없던 위기에 봉착한 것은 맞지만 점차 사태가 진정되어 수요가 회복됨에 따라 결국 한국인 승무원에 대한 신규 채용 역시 속속들이 진행될 수 있다는 것입니다.

가까운 예로 KLM과 같이 일정 기간만 근무할 수 있는 계약직으로 입사하는 곳은 2년이란 계약기간이 만료되어 퇴사하는 한국인 승무원이 속속들이 발생하는 만큼 수요 회복 및 인천 노선 재개 등을 바탕으로 유럽 항공사 중에서는 가장 먼저 한국인을 채용하는 외항사가 될지도 모르기 때문이죠. 유럽 항공사의 한국인 승무원 채용은 흔히 알려진 것과 같이 채용 주기가 길고 빈도수가 낮은 편입니다. 물론 일부 항공사의 경우 감염병 확산 전, 과거의 사례만 놓고 본다면 1~2년을 주기로 자주 채용했던 항공사 역시 존재합니다. 그러나 여전히 수요가 적은 것은 물론 만족도가 높아 퇴사율이 낮은 만큼 한 번 한 번의 기회가 소중할 수밖에 없죠.

특히나 유럽 항공사만을 보고 승무원 면접 준비를 이어가는 사람이라면 더더욱 희박한 기회를 후회 없이 치르기 위한 꾸준한 준비가 필수입니다. 높은 경쟁률보다 유럽 항공사의 합격이 더 어려운 이유는 업무 강도보다 면접에서 요구되는 수준과 기대치가 높기 때문입니다. 면접의 난도가 높을수록 확실한 대비가 빛을 발할 수밖에 없습니다. 이는 결국 개개인에게 주어진 현재의 삶에 최선을 다하며 경험과 경력을 쌓아 공백기를 헛되이 보내지 않는 것을 기본으로 면접을 위한 추가적인 노력으로 준비를 이어간 사람만이 합격할 가능성이 크다는 것을 생각한다면 앞으로 면접 준비를 이어감에 있어 어떤 마음가짐과 의지가 필요한지도 이해할 수 있을 것입니다.

승무원 채용시장도
베트남을 주목한다

2019년 하반기를 시작으로 감염병이 전 세계 곳곳으로 확산되면서 인류에게 주어진 공통된 문제로 떠오르기 시작했으나 초기에는 장기전을 예상하지 못했던 여론이 조금 더 지배적이었던 만큼 직격탄을 맞은 항공사의 채용을 기다리는 지원자 역시 여러 기관과 전문가에 의해 제시되는 정상화를 위해 필요한 기간, 즉 2~3년 이상 채용을 기대할 수 없는 상황을 마주할 것이라고는 예상치 못했을 것으로 생각합니다. 날로 늘어가는 확진자로 인해 해외 감염자를 막는 방안으로 서로 국경을 봉쇄하며 자연스레 항공사는 국제선 운영에 심각한 타격을 받았고, 믿었던 국내선 노선마저 지역 감염 확산을 근거로 수요가 증발한 만큼 점점 더 짙어지는 위기 속에서 몸집을 줄이기 위한 구조조정과 무급휴직 등이 강행되어서 사실상 감염병 확산에 대한 문제가 백신 상용화를 통해 일부 해소되더라도 항공교통을 이용하는 수요, 즉 여행심리가 정상적으로 회복하기까지 수년이 걸릴 수밖에 없음을 똑바로 이해해야 합니다. 그래야만 비로소 항공사 채용을 고려하고 준비하면서 적절한 대비가 가능하기 때문이죠. 막연한 기대감을 바탕으로 면접을 준비하고 더 나아가 미래에 직업을 계획한다면 분명 큰 차질이 발생할 수 있는 위험성이 따르기 때문입니다.

　　물론 그 누구도 미래 시장 변화를 예측할 수 없는 만큼 예상치 않은 시점에 폭발적인 수요 증가현상이 나타날 수는 있습니다만, 여전히 낙관적인 시선보단 회복속도가 더딜 수밖에 없다고 보는 주장이 더 많은 만큼 신중한 계획이 필요하리라 판단됩니다. 이 과정에서도 여전히 국내는 물론이고 외국 항공사의 승무원 채용을 준비하는 과정에 있는 사람이라면 막연함의 정도가 그 어떠한 구직자보다 크리라 생각합니다. 다시 말해 감염병 확산으로 수혜를 입은 것으로 볼 수 있는 온라인을 기반으로 한 비대면 서비스로 수익을 창출하는 기업이 아닌 대부분의 영역에서 대면 서비스가 필요한 기업 중에서도 가장 큰 영향을 받는 곳이 항공사인 만큼 몸집을 줄이고 인력 운영에 있어 최소화를 실천하고 있기 때문에 수요가 일부 회복되더라도 추가 인력이 필요하여 채용을 진행할 단계까지 막연한 기다림이 계속될 수밖에 없기 때문이죠.

　　물론 이 과정에서 채용시장의 미래를 점쳐볼 수 있는 정보는 연일 전 세계 여러 전문기관과 매체를 통해 쏟아지고 있습니다. 외항사 승무원 채용에만 국한하여 이를 하나의 시장으로 인식해서 이에 필요한 정보를 생산하는 시장은 사실상 국내를 제외하면 많은 편이 아니기 때문에 외항사 승무원 채용 정보만을 다루는 기관과 매체는 없다고 보는 것이 맞겠지만, 외항사 승무원 채용시장의 흥망성쇠는 결국 항공사의 미래에 걸려 있는 만큼 그 무엇보다 먼저 항공시장의 미래를 점치는 여러 정보를 참고해야 함을 강조합니다.

최근 해외 항공 관련 정보를 다루는 매체에서 아시아 시장 중 중국을 제외했을 때 가장 주목하는 신흥시장은 베트남이 아닐까 싶습니다. 베트남 항공사는 베트남 내 관광시장의 활성화를 넘어 매년 꾸준한 고속성장을 보였던 만큼 자연스레 항공교통 수요가 폭발적으로 증가하며 성장하고 있죠. 물론 감염병 확산이란 문제로 전 세계 모든 여객 항공사의 성장이 일시적으로 멈춘 만큼 현재 상황만을 놓고 본다면 성립될 수 없으나 여전히 포스트 코로나 시대가 열림과 동시에 새롭게 판세가 달라질 수밖에 없는 아시아 항공시장에서 다시금 성장세를 이어갈 수 있는 시장임은 분명해 보입니다. 물론 국내여행 수요만을 놓고 본다면 괌, 사이판, 필리핀, 태국 등을 지나 하노이, 다낭 등이 새롭게 동남아 여행지로 떠올라 눈부신 수요 증가를 이어가는 와중에도 비교적 다른 여행지에 대해 열악한 인프라 구축 등을 이유로 재방문 의사가 생각보다 높지 않았던 점에 근거한다면 관광시장 성장률에 일부 거품을 제기할 수 있습니다만, 여전히 고속 성장단계에 있는 만큼 추가적인 투자와 발전을 바탕으로 성장세 역시 꺾일 수 없는 위치에 있다는 의견이 지배적인 상황입니다. 특히나 감염병 확산사태를 바탕으로 해외여행자의 여행지 선택기준이 조금씩 달라질 것이란 전망이 쏟아졌고, 포스트 코로나 시대 초기에는 비교적 방역상태가 우수했던 국가를 선택할 것이란 분석이 우세한 만큼 베트남 항공사는 이러한 수혜를 입을 수밖에 없을 것이라 판단됩니다.

베트남 항공과 비엣젯항공의 베트남 항공시장 내 점유율을 합치면 70% 이상을 차지하지만 자국 관광시장이 크게 성장함에 따라 콴타스 항공과 일부 지분을 보유한 젯스타퍼시픽과 신생 항공사 중 한 곳으로 볼 수 있는 뱀부항공 등이 있습니다. 참고로 젯스타 항공의 베트남 베이스 격이었던 젯스타퍼시픽은 최근 베트남 항공과 콴타스사에서 일부 지분비율이 변경되며 브랜드가 Pacific airlines으로 새롭게 변경되었죠. 브랜드 전체가 새롭게 바뀌며 유니폼을 비롯한 여러 기업 CI 역시 전면 교체되었습니다.

현재 베트남 여객 항공시장에서 실제 비행을 하는 항공사는 위에서 제시한 것과 같이 총 4곳이지만, 감염병 확산 전후로 새롭게 허가받은 뒤 시장 진출시기를 조율하고 있는 곳 역시 여러 곳이라는 점을 생각한다면 추후 베트남 내 외항사 승무원 채용시장 역시 크게 성장할 가능성을 짐작게 합니다. 특히나 베트남을 비롯하여 말레이시아, 필리핀 등 여러 동남아시아 국가에 소속된 항공사의 경우 한국 노선으로부터 얻는 이득, 즉 한국 노선에 대한 중요도가 다소 높을 수밖에 없는 만큼 서로 언어가 맞지 않아 발생할 수 있는 불편을 해소하기 위한 방안으로 한국인 승무원을 적극적으로 채용하는 편이라 볼 수 있습니다.

베트남으로 국한해 보더라도 국내 사설기관을 통한 채용 대행으로 한국인을 꾸준히 채용하는 베트남 항공을 시작으로 규모 대비 비교적 많은 한국인을 채용했던 비엣젯항공, 신생 항공사임에도 불구하고 취항 전 단계에서 이미 한국인을 채용하여 승무원으로 양성한 뱀부항공까지 사실상 젯스타 항공에도 이미 한국인이 근무하고 있었던 것을 고려한다면 정상 운영 중인 4곳 모두 한국인 승무원을 채용했거나 현재 근무 중인 항공사라 이해할 수 있습니다.

2020년과 달리 감염병 확산에 대한 문제가 제기되지 않았던 2019년을 기준으로 베트남에 입국한 외국인 1,800만 명 중 한국인이 430만 명이었다는 통계만을 놓고 보더라도 사실상 지리적으로 근처라고 볼 수 있는 아시아 다른 국가 중 중국을 제외하면 가장 많은 해외여행객이 방문하는 주요 인바운드 국가 중 한 곳이기 때문에 한국 노선은 꾸준히 높은 중요도를 유지할 수밖에 없을 듯합니다. 이를 바탕으로 뱀부항공과 같이 새롭게 취항을 준비하는 신생 항공사 역시 한국 노선에 대한 중요도를 무시할 수 없는 시점에서 외국인 승무원 채용 시 한국인 승무원에 대해 고려할 것이란 전망입니다.

물론 기존 항공사인 뱀부항공, 비엣젯항공 역시 포스트 코로나 시대에 돌입하며 항공수요가 회복됨과 동시에 성장을 이어나갈 것이라 분석되는 만큼 한국 노선에 대한 지속한 확장은 결국 채용으로 이어질 수밖에 없겠죠. 그런데도 이미 언급한 것과 같이 누구도 한 치 앞을 예상할 수 없는 시장상황에 대해 막연한 기대감을 바탕으로 준비를 이어가거나 계획을 세우는 것에 대해서만큼은 스스로 경계할 필요가 있다는 점 역시 잊지 말기 바랍니다.

　　마지막으로 중국을 필두로 여객 항공시장에서 신흥 성장국으로 분류되고 있는 베트남인 만큼 기존 항공사를 비롯하여 앞으로 세상에 드러날 신생 항공사 역시 꾸준히 주목하여 외항사 채용시장 변화를 꾸준히 관찰함으로써 이들의 회복추세를 파악하여 외항사 면접을 준비하면서 여러 방향으로의 계획을 고심해 보기 바랍니다.

제2 외국어 준비는
곧 죽어도 중국어다?

      대한항공과 아시아나항공의 결합과정은 이해관계가 복잡한 사안인 만큼 직접적으로 연관된 것으로 볼 수 있는 두 항공사에 소속된 승무원을 포함한 전 직원은 각기 다른 의견을 가진 것으로 보입니다. 각 회사를 대표하는 일부 노조가 만나 합병 진행에 대해 다소 부정적인 의견을 내놓기도 했으나 여전히 일부에서는 포스트 코로나에 대비하여 합병을 통한 거대 항공사를 출현시킬 기회이자 20조에 가까운 매출을 실현할 수 있는 기업이 될 수 있는 만큼 약간의 출혈을 감소하고라도 좋은 기회가 될 수 있다는 의견을 가진 쪽도 있는 상황이죠. 물론 조금 더 힘이 실리는 것은 부정적인 의견을 가진 쪽이 아닐까 싶습니다. 각기 다른 입장과 의견을 가진 것은 분명합니다만, 그 결론은 부정이죠. 과도한 부채를 떠안아 함께 침몰할 수 있음을 강조하거나 반대로 같은 업계로 흡수되는 경우 잉여인력이 발생하여 구조조정이 불가피할 것이라는 의견 등이 연일 다양한 커뮤니티와 현장에서 생산되고 있습니다.

특히나 객실 승무원의 경우 항공사를 구성하면서 필요한 여러 직군 중 인원 조절이 필요한 상황에서 가장 탄력적인 직군에 속하는 만큼 잉여인력이 발생하는 순간이 온다면 구조조정 대상에 오를 수 있는 확률이 가장 높은 직군이기 때문에 비교적 합병과정에서 비율적으로 열세할 수밖에 없는 아시아나항공의 승무원은 구조조정에 대한 불안감이 높아지는 것으로 전해집니다.

현직 스튜어드로 아시아나항공에서 근무 중인 지인을 통해서도 알 수 있었지만, 외부로 전해지는 여러 소식 등과 같이 내부 직원은 담담함을 유지하고자 노력했던 현대산업개발의 인수 불발 당시와는 달리 현재는 약간의 혼란과 이를 통한 동요가 일부 포착된다는 것을 느꼈습니다. 물론 인수합병 발표 직후부터 2021년 현재까지 꾸준히 제기되는 부정적인 입장을 잠재우기 위한 노력 중 하나로 구조조정은 없다는 것이 대한항공 측에 의해 언급되고 있으나, 이는 법적으로 보장되는 발언이라 볼 수 없음은 물론이고, 인수합병 도전이란 큰 과제의 첫 시작 단계에 불과한 만큼 그 누구도 한 치 앞을 예상할 수 없는 시점이기 때문에 그 어떠한 소속과 직군보다 아시아나항공 승무원은 불안감 속에 시간을 보낼 수밖에 없을 듯합니다.

이러한 불안감이 계속되는 것은 물론이고 앞으로도 더 일정기간 지속될 수밖에 없는 시기이기 때문에 막연한 불안감 속에 지배당하지 않으려는 움직임 역시 확인할 수 있습니다. 승무원은 결국 위기 속에 대처를 바탕으로 빛날 수밖에 없는 업무이자 직업인 만큼 이를 증명하듯 아무것도 명확하게 정해진 것이 없는 시기임에도 자신을 더 빛내어 인정받을 수 있는 노력을 이어가는 현직 승무원을 자주 접하곤 합니다. 모든 아시아나항공 승무원이 불안감을 느낀다고 확신할 수 없듯이, 단기적인 미래에 대한 불안감을 바탕으로 자기계발을 새롭게 이어가는 것 역시 모든 승무원에게 해당된다고 말할 수는 없으리라 생각합니다.

현직자를 통해 직접 접한 소식을 배제하고 생각해 보더라도 제2외국어에 대한 능력을 함양시키거나 체력 증진, 하다못해 4대 보험 없이 가능한 아르바이트를 하며 금전적인 고충을 해결하려는 등의 자신을 발전시키는 것을 기본으로 더 나은 방향으로의 전직을 고려하며 각자가 원하는 것을 위한 공부를 시작한 사람도 있을 수밖에 없으리라 추측됩니다. 이들이 현재 전직이라는 중대한 결정을 제외하고 승무원이라는 직업을 꾸준히 이어간다는 것을 중점적으로 생각하여 취할 수 있는 노력을 꼽는다면 조금 더 승무원이라는 직업에 적합하면서도 지속가능한 인재임을 증명하기 위한, 즉 눈에 보이는 숫자로 보여줄 수 있는 위주의 노력이 가장 먼저 채택되리라 생각합니다. 이러한 논리는 결국 승무원이 되기 위해 가장 처음 거쳐야 하는 단계인 면접은 물론 항공과 준비에서도 동일하게 적용된다고 생각할 수 있습니다. 면접 역시 결국 면접관을 대면하여 스스로가 승무원이라는 직업에 적합한 사람임을 보이기 위한 부분 외에도 숫자 혹은 서류상 어떤 증명이 가능한 능력을 위한 준비가 필요하다고 이해할 수 있죠.

  가장 쉽게 이해할 수 있는 것이 바로 토익 성적을 요구하는 것이죠. 물론 위에서 언급한 것과 같이 구조조정에 대한 걱정을 바탕으로 직원 수를 조절하기 위해 필요한 평가 잣대로 꼽을 수 있는 것들에 대비하면서 그중 언어에 대한 능력을 제시하기 위해 언어 성적을 준비하는 등의 노력이 결국 승무원이 되기 위해 참여하는 승무원 면접에서의 평가와 비슷한 맥락이라고 판단하여 당장 외국인 승객을 응대하거나 위급상황 속 영어로 소통이 필요한 승객까지 구조하는 과정에서 언어 장벽을 줄이기 위한 등의 여러 목적을 바탕으로 회화능력이 필수로 승무원에게 요구되는 상황과 크게 관련 있다고는 볼 수 없는 토익과 같은 영어 성적을 준비하는 등 외에 여러 제2 외국어 성적을 숫자로 준비하는 것이 면접에서 중요한 부분을 차지한다고 이해할 수 있는 문제는 아님을 강조합니다.

  이와 관련하여 오프라인 강의 및 온라인 콘텐츠를 통해 계속해서 주장한 내용입니다만, 적어도 외국어 능력은 결국 승무원이라는 직업이 하게 되는 업무에 필요하다는 것을 떠나 승무원이 되기 위해 거치는 면접에서 합격해야 한다는 문제만을 놓고 생각한다면 큰 부분을 차지한다고는 볼 수 없습니다.

  수많은 합격자의 적나라한 언어 관련 성적이 이를 증명함은 물론이며, 실제 국내 항공사만을 놓고 본다면 영어 면접조차 없는 항공사가 지배적이기 때문입니다. 물론 이러한 이유를 바탕으로 공인영어성적을 요구한다고 볼 수 있습니다만, 위의 주장과 같이 실제 합격하여 근무 중인 승무원의 성적만을 놓고 보더라도 충분히 준비할 수 있는 수준에서의 성적임을 알 수 있습니다. 이는 결국 매우 높은 어학실력이 면접 시 합격에 필요하거나 실제 기내 업무를 함에 있어 언어능력이 있어야 하는 것은 아님을 뜻합니다. 특히나 기본적으로 전 세계 항공사에서 요구되는, 즉 제1의 공통 언어로 채택되고 있는 영어가 아닌 국내를 기준으로 본다면 일본어, 중국어, 러시아어 등과 같은 제2 외국어의 경우 합격을 위한 과정에 필수가 될 수 없음을 이해할 수 있습니다.

그러나 필수가 아니라고 하여 내가 영어를 기본으로 제2 외국어에 대한 능력이 있다는 것에 아무런 혜택이 없다고 생각할 수는 없죠. 특히나 내가 가진 언어능력이 지원한 항공사에서 주력하는 노선이자 채용 당시 해당 언어를 구사하는 현직 승무원의 비율이 필요한 수에 비해 낮다면 더더욱 이는 그 어떠한 요소보다 확실한 가산점을 만들어줄 수 있는 무기가 됩니다.

물론 무기라는 것은 어디까지나 위의 예시와 같이 내가 가능한 언어 그리고 그 언어가 지원 시점에 지원한 항공사에 필요한 순간이어야 하는 등의 모든 조건이 일맥상통해야 한다는 것이죠. 막연히 영어 이외에 아무런 제2 외국어가 가능하다고 하여 무기가 될 수는 없음을 기억해야 합니다. 그러다 보니 자연스레 내가 승무원이라는 직업을 갖기 위해 면접에 직접적으로 뛰어들어야 하는 4년제를 기준으로 3학년, 2년제 대학을 기준으로 1학년의 시기에 있는 게 아닌 그보다 더 이전, 즉 영어가 아닌 새로운 언어를 처음부터 시작하여 면접에서 어느 정도 인정받기 위한 수준으로 습득하기까지 일정 기간 이상 남은 시점에 있는 게 맞음은 물론이며 제2 외국어를 공부하고자 하는 확고한 의지가 있는 게 맞는다면 선택에 있어 신중한 고심이 필요하다고 판단됩니다.

중요한 것은 내가 면접에 직접 뛰어들기까지 1~2년 이상의 시간, 즉 제2 외국어를 충분히 습득할 수 있는 기간이 있어야만 면접을 위한 언어 공부를 한 번쯤 해볼 만한 고민을 할 수 있다는 것입니다. 6개월 혹은 1년이라는 시간을 남겨두고 그저 사실상 아무런 의미가 없는 초급단계에 어떤 공인성적을 서류에 포함하기 위해 준비하는 것은 아무런 의미가 없음을 기억하기 바랍니다. 결국, 서류상 숫자로 증명해야 하는 부분이 큰 것이 언어 성적임은 부정할 수 없습니다만, 실제 해당 언어를 사용하는 원어민 승객을 기내에서 마주하여 서비스는 물론이며 안전과 관련한 상황에서도 침착하게 지시할 수 있는 실력을 실제로 가진 게 아니라면 그 능력은 능력으로 인정받을 수 없기 때문이죠.

물론 내가 승무원이 되기 위해 참여하는 면접 즉, 사설기관의 도움을 받든 스스로 준비하든 결국 다양한 방면으로의 준비가 필요한 승무원 면접을 준비하면서도 6개월 혹은 1년이라는 기간 내에 일정 수준 이상 새로운 언어를 공부하여 습득할 수 있다면 제2 외국어 공부의 시작을 부정할 수 없습니다만, 여전히 선택과 집중이 필요한 시점에 있다면 실제 국내 항공사 소속의 승무원 중 과반수의 승무원이 제2 외국어가 가능하지 않다는 점을 바탕으로 더 중요한 면접 준비에 집중하는 것 그리고 가장 먼저 중요한 영어 성적과 실력을 함양시킬 것을 추천합니다.

반대로 현재 승무원이라는 직업을 갖기 위해 면접 준비를 고려하고 있거나 하는 시점이지만 면접에 직접 뛰어들기까지 2~3년 이상의 충분한 시간과 여유가 있음은 물론 확고한 의지까지 갖춰져 있다면 스스로 준비하고자 하는 항공사의 방향에 따라 제2 외국어를 전략적으로 선택하는 것을 추천합니다. 물론 가장 좋은 것은 세상에 존재하는 수많은 직업 중 객실 승무원만을 고려한 채 살아가는 것은 이번 감염병 확산사태로 항공시장의 위기를 겪으며 채용시장 역시 동반 증발하는 것을 통해 다소 손실이 따를 수 있음을 모두가 알게 된 만큼 완벽한 미래를 예측할 수 없는 상황에서 막연히 직업을 꿈꾸는 시야를 스스로 좁혀 승무원 준비에만 유리한 언어를 선택하기보단 여러모로 본인이 더 잘할 수 있는 그리고 더 흥미와 관심이 있는 언어를 선택하여 공부하는 것이 장기적으로 더 유익할 수 있음을 참고하기 바랍니다.

잠깐이라도 한눈을 팔면 도태될 수밖에 없을 만큼 빠른 변화의 시대를 살아가고 있으므로 지금 항공시장의 미래를 예측하는 분석과 이를 통해 쏟아지는 정보를 100% 신뢰할 수는 없습니다만, 현재 시점의 전문기관 혹은 전문가를 통해 공개된 자료를 바탕으로 본다면 여전히 승무원 중국어가 가장 유망할 수밖에 없는 듯합니다.

항공시장을 바라보는 시장 전문가에 의해 평가받는 시장 중 가장 유망했고 앞으로 20년 이상 가장 유망할 수밖에 없는 곳이 바로 중국 항공시장이기 때문이죠. 국내 항공사만을 준비하고자 한다고 하더라도 중국 시장이 확대되는 것은 결국 지리적으로 가장 가까운 곳에 있는 한국 시장과의 항공여행 역시 증가할 수밖에 없는 만큼 중국 노선에 대한 의존도는 더욱 커질 수밖에 없는 상황이라 판단됩니다. 이는 결국 중국 노선의 확대, 중국 승객 유입 증가 등으로 중국어가 가능한 승무원이 더 많이 필요할 수밖에 없음을 뜻합니다.

폭발적인 성장에서 더 나아가 꾸준한 성장으로 향후 20년간 성장 시장을 주도할 것으로 주목되는 중국 항공시장은 감염병 확산으로 항공수요가 사라지면서 전 세계 모든 항공사에서 회복에 어려움을 겪고 있는 시기에도 국내선 확대 등을 바탕으로 규모의 경제를 실현하며 사실상 2020년 상반기부터 하반기까지만을 본다면 80% 이상의 정상화를 이뤄내기도 했습니다.

또한, 대표적인 항공기 제작회사 중 한 곳인 보잉의 경우 폭발적인 수요 증가를 바탕으로 화물 탑재를 위한 공간을 늘림과 동시에 승객 수송능력 증대를 위해 제작된 2개 이상의 복도로 만들어진 와이드 보디 항공기의 가장 큰 수요가 바로 중국 시장이라는 점을 바탕으로 향후 20년간 8,600대 이상의 신규 항공기를 중국 시장에서 구매하게 될 것이라 전망하고 있죠.

그 누구도 감히 범접할 수 없는 수준으로 확대될 수밖에 없는 잠재적인 시장을 보유한 중국 항공시장인 만큼 자연스레 한국 노선을 운영할 수밖에 없는 중국 항공사에서의 한국인 승무원 채용은 물론이고, 반사이익을 기대하게 되는 국내 항공사에서 중국 노선이 확대되면 중국어가 가능한 지원자를 우대할 수밖에 없는 복합적인 현상이 발생할 것이라 기대됩니다. 이를 바탕으로 만약 현재 충분한 준비기간을 가지고 있는 시점에서 본인에게 닥친 삶에 최선을 다하면서도 새로운 언어를 습득할 수 있는 확고한 의지가 있음은 물론 중국어라는 언어에 대해 호의적인 상황이라면 내가 승무원이라는 직업에 적합한 사람임을 보여주기 위한 기본적인 면접에서 필요한 사항을 준비하는 것을 가장 중점으로 하되 항공시장의 미래를 바탕으로 중국어를 나만의 승무원 외국어로 준비해 볼 수 있음을 참고하기 바랍니다.

숭
무
원 2 0 트 2 1
렌
드

대한항공 면접 준비 핵심 키워드는?
'삶의 목표'

희망하는 직업인이 되기 위한 준비과정 중에 참여한 면접에서 면접관에 의해 받는 질문은 물론이고 세상을 살아가며 마주하는 수많은 순간 속에서 목표를 묻는 말을 어려워하는 지원자가 많은 편입니다. 특히나 목표가 뭐냐는 말은 대한항공 임원 면접에서 자주 등장하는 질문 중 하나입니다. 면접에서 위와 같은 질문을 받은 경우 사실상 많은 지원자는 삶의 목표로 직업을 얘기하거나 직업과 관련된 얘기를 나열하는 것이 일반적이죠.

항공사 및 승무원 면접에 필요한 정보와 지식을 다루는 책이 가진 방향에서 다소 틀어진 얘기일 수 있으나 여전히 삶의 목표를 혹은 포괄적인 목표를 묻는 말에 너무나 당연한 듯 직업을 삶의 목표로 두고 살아간다는 것이 조금은 안타깝다고 느낀 적이 있습니다. 물론 저도 이 직업에 종사하기 위해 보낸 여러 해의 시간을 비롯하여 현재도 직업과 관련하여 끊임없는 도전과 고심을 하고 있으나, 여전히 강사로서 수많은 학생을 마주하며 느끼게 되는 점만을 놓고 얘기한다면 승무원이 되기 위해 높은 경쟁률을 뚫고 누군가는 단기간에 합격하기도 하지만 또 누군가는 숱한 탈락 후에 합격하게 되거나 포기하게 되기도 하는 만큼 당시에는 그 과정이 얼마나 힘든지 그리고 더 나아가 직업이 삶에서 주는 의미가 매우 클 수밖에 없다는 것을 이해합니다. 그런데도 어떻게 받아들이느냐에 따라 그 가치는 많이 달라질 수 있지만 가장 강조하고 싶은 점이 있다면, 희망하는 직업에 종사하기 위해 최선을 다하는 것 역시 매우 소중하다는 것은 부정할 수 없습니다만, 자신의 시야를 좁혀 살아갈 필요는 없다는 것입니다.

길다면 길고 짧다면 짧은 인생에서 특히나 자본주의 사회를 살아가는 만큼 직업은 분명 큰 부분을 차지할 수밖에 없으리라 생각하지만, 나 스스로가 단 한 번뿐인 삶을 어떠한 사람으로 성장하고 성숙해져 무엇에 소중함을 느끼고 가치를 두며 살아갈 것인지에 대한 고심이 선행되어야만 직업 역시 그에 맞춰 살아갈 수 있다는 것을 기억해야 합니다.

물론 면접자는 직업을 가지기 위해 그리고 면접관은 기업에 적합한 인재를 찾기 위해 서로 만난 면접 상황에서 목표를 묻는다면 위에서 주장한 다소 진부하게 느껴지는 철학적인 얘기는 마치 먼 나라의 얘기로 치부할 수밖에 없을 듯합니다. 그러나 면접관 역시 너무나 다양하고 빠르게 변화하는 세상 속에서 하나의 직업에만 시야를 좁혀 살아가는 지원자에게 매력을 느낄 수 없다는 것을 기억해야 합니다. 간단한 예로 이성과의 관계를 생각해 보면 좋을 듯합니다. 일반화시켜 얘기할 수는 없습니다. 그러나 대체로 이성관계에서 한쪽이 다른 한쪽을 향해 과도한 사랑을 일방적으로 표현한다면 반대편에 있던 상대는 한 걸음 뒤로 물러날 수밖에 없습니다.

이처럼 면접 역시 처음 본 면접관의 마음을 사로잡아야 하는 만큼 내가 승무원이 되고자 노력하는 것은 맞지만 24시간, 일주일, 한 달, 일 년 내내 내 삶의 시야를 객실 승무원에만 초점을 맞춰 살아간다는 것을 보인다면 면접관 역시 한 걸음 뒤로 물러날 수밖에 없겠죠. 이처럼 면접을 준비하면서 목표를 묻는 말에 필요한 답을 준비하는 것을 떠나 우선, 나 스스로가 직업뿐만 아니라 우리의 삶에서 단기적이고 중장기적인 목표는 과연 무엇인지를 먼저 고심하고 이에 대한 정리가 어느 정도 되었다면 항공사 승무원이라는 직업을 꿈꾸는 사람으로서도 면접에서 본인의 목표가 무엇인지를 보이고 좋은 평가를 받을 수 있는 준비가 가능하다고 할 수 있습니다.

결국 면접에서 면접관을 통해 받게 되는 삶의 목표를 묻는, 특히나 비교적 초기 면접 전형으로 볼 수 있는 실무 면접이 아닌 임원 면접 혹은 최종 면접에서 자주 받는 기출문제이자 조금은 철학적이라고 느낄 수 있는 이 질문은 직업으로 삶을 바라보는 시야를 좁혀 살아가는 사람이라는 모습을 보이지 않기 위해서라도 충분한 고심을 통해 내가 조금은 중장기적인 미래에 어떠한 사람으로 성숙하고자 하는지는 물론 어떠한 것에 가치를 두고 살아갈 것인지에 대한 목표를 제시하는 것이 필요합니다.

승무원이 되기 위해 밤새 고심하여 수정한 자기소개서를 첨부하여 서류 전형에 지원한 뒤, 마치 승무원이 된 것처럼 깔끔하게 차려입고 면접에 참여했다는 것만으로도 이미 면접관은 물론 그 누구라도 본인은 승무원이 되기 위해 노력하는 사람이라는 것을 알 수 있기 때문이죠. 굳이 삶의 목표를 묻는 말에서까지 내가 이 직업에 심각하게 빠져있다는 것을 들킬 필요는 없다는 것을 기억하기 바랍니다.

물론 최종 면접에서 자주 받게 되는 기출문제로 볼 수 있는 삶의 목표와는 다소 다른 방향으로 해석할 수 있는 입사 후 목표 혹은 승무원이 된 후의 목표, 단기적인 목표 등을 묻는다면 이는 현재 내가 이 면접에 참여한 이유인 승무원이라는 직업을 바탕으로 한 목표를 묻는다는 것입니다. 이는 분명 항공사 승무원 기출문제 중 하나임과 동시에 포괄적인 삶의 목표와는 또 다른 방향에서의 정리가 필요합니다. 특히나 실무 면접, 즉 짧은 소견을 대체로 묻는 1차 면접에서 자주 등장하는 질문으로 삶의 목표와는 깊이가 다소 달라지는 만큼 답변의 양, 즉 길이 역시 자연스레 달라집니다.

개개인이 살아온 환경과 경험, 조건 등에 따라 면접을 준비하는 방향 역시 달라질 수밖에 없는 만큼 세부적인 답변 준비 내용까지 언급할 수 없으나, 단기적인 미래를 염두에 둔 목표를 묻는 말은 직업이라는 주제를 바탕으로 답변을 구성해야 함을 기억해야 합니다. 만약 단기적인 목표를 묻는 면접관이 3년 뒤 혹은 5년 뒤와 같이 구체적인 기간을 제시한다면 이 역시 제시하는 기간에 맞춰 적절한 답을 상이하게 구성할 필요가 있으며, 구체적인 기간을 제시하지 않더라도 포괄적인 목표를 묻는 것이 아닌 입사 후 당장의 목표 혹은 승무원이 되고 난 후 목표 등과 같이 가까운 미래에 어떠한 목표를 가지고 있는가를 묻는다면 당연히 현재 시점에서 가장 중요도가 높은 편에 속한다고 볼 수 있는 승무원이라는 직업을 바탕으로 얘기를 풀어내는 것이 필요합니다.

물론 직업을 바탕으로 내가 생각하는 어떠한 목표를 단기간 내에 풀어내야 한다는 답변 역시 지원자마다 각각 다른 삶을 살아왔으며 그 삶 속에서 쌓아온 경험과 경력 그리고 이를 통해 가진 지식과 인성 등이 모두 다를 수밖에 없는 만큼 획일화된 어떠한 답변을 제시할 수는 없습니다.

이러한 이유로 인해 필자는 오프라인 강의에서는 물론이고 책, 블로그 등을 통해 생산하는 콘텐츠에서도 절대 떠먹여주는 듯한 면접 답변을 제공하지 않습니다. 면접에서 내가 누구인지를 보이기 위한 기출문제에 답변을 정리하는 것은 절대 누군가가 모범답안으로 제시할 수 있는 것이 아닙니다. 누구에게나 적용될 수 있는 듯한 예시를 보는 것이 아닌, 자기가 누구인지 그리고 나 스스로가 무엇을 원하는지를 넘어 왜 이 직업에 종사하고자 하는지에 대해 고심해야 한다는 것을 잊지 말기 바랍니다. 이것을 스스로 정리할 수 없다면 솔직한 면접 답변이 완성되지 않을뿐더러 실제 면접에서도 면접관에게 진짜 내가 누구인지를 보여줄 수 없음은 물론 그들의 마음조차 사로잡을 수 없다는 것이 죠. 이러한 고심 끝에 직업에 초점을 맞춘 목표를 묻는 말에 대한 답을 정리하고자 한다면 몇 가지 주의할 것이 있습니다.

우선, 승무원 입사 후 5년 이상의 중장기적인 미래라고 볼 수 있는 기간을 제시한 게 아니라면 사실상 다소 멀게만 느껴질 수 있는 허황한 미래를 바탕으로 한 얘기는 피하는 게 좋습니다. 면접관의 입장에서 본다면 최종 합격도 하지 않은, 다시 말해 승무원이 되지도 않은 사람이 당장 인턴 승무원으로 할 수 있는 범위가 아닌 사무장이 되어 회사를 헤집고 다니겠다는 포부가 내포된 얘기를 한다면 자연스레 거부감을 느낌과 동시에 구체성이 없다는 평가를 받을 가능성이 커지기 때문입니다. 가까운 미래, 즉 지원자가 생각하고 있는 직업적인 목표를 묻는 말에는 가능하면 최대한 구체적인 제시가 따르는 게 좋다는 뜻이죠.

입사 후 인턴 승무원으로 1년 혹은 2년 내 해당 직급과 위치에서 할 수 있는 범위에서 실현 가능한 어떠한 목표를 제시하는 것이 필요합니다. 열심히 일을 배우겠다거나 최선을 다하겠다는 얘기는 사실상 너무나 당연함은 물론 누구나 할 수 있는 그리고 누가 하더라도 면접관의 마음을 움직일 수 없는 얘기임은 사실상 지원자조차 이미 다 알고 있는 사실인 만큼 나 스스로가 입사 후 단기간에 실제 인턴 승무원으로서 할 수 있는 구체적인 목표를 구성하여 제시할 수 있어야 한다는 것을 기억하기 바랍니다.

마지막으로 다시 한번 반복하여 강조하지만, 승무원 면접 준비는 베스트셀러 소설 작가가 되는 게 아니라는 점은 지원자 모두 다 동의하리라 생각합니다. 누가 봐도 화려하게 느낄 수 있는 답변을 글로 작성하는 것이 아니라, 나 스스로가 현재 시점에서 진정 어떠한 가치와 방향으로 삶에 목표를 두고 있는지 고심하는 것을 시작으로 면접이라는 조건과 환경에서 면접관의 마음을 사로잡을 수 있는 준비가 필요하다는 것을 이해했다면 진정성 있는 면접 준비를 위해 과연 나는 어떠한 준비를 해야 하는지에 대해 고심해 볼 수 있는 시간을 가져보기 바랍니다.

승
무
원
트
랜
드

항공업계에도 불어온
4차 산업혁명 속 에티하드 항공

1차로 볼 수 있는 기계를 시작으로 현재 4차 산업혁명으로 명명되어 이에 대한 패권을 쥐기 위해 벌이는 미국과 독일의 경쟁을 필두로 선두권 혹은 선두권을 눈앞에 둔 일부 국가의 도전이 심화되는 상황인 만큼 사실상 항공산업에 포함된 객실 승무원 혹은 관련된 직업의 채용을 준비하고 있다 하더라도 항공 관련 정보만을 습득할 것이 아니라 다양한 방면으로 시야를 넓혀서 바라볼 수 있어야 한다는 것을 강조합니다.

특히나 현대사회의 산업은 구조상 서로 얽히고설킨 이해관계 속에서 발전하는 만큼 내가 되고자 하는 직업이 속한 항공산업 그리고 그와 유관한 산업 역시 눈여겨볼 필요가 있을 듯합니다. 물론 항공을 넘어 관련된 산업까지도 아우를 수 있는 넓은 시야를 가질 필요는 있습니다만, 이와는 별개로 더 먼저 해야 할 것이 있다면 항공산업만을 놓고 보더라도 사실상 너무나 방대한 구조의 이해가 필요하다는 것이죠. 결국 항공산업 속에도 이미 수많은 세부적인 내용이 존재하는 만큼 항공산업과 관련되어 있으나 항공산업에 직접 속하지 않는 유관산업까지 공부하기 이전에 항공이란 그룹에 포함된 세부적인 여러 내용을 먼저 습득하는 것이 더 중요하다는 것입니다. 객실 승무원과 관련된 정보는 물론이고 이 직업과 관련됨과 동시에 항공산업에 속한 다른 직군 혹은 방향으로의 내용을 알아가는 것만도 방대한 양입니다만, 최근 승무원과 관련된 내용 중 주목할 만한 것인 산업혁명으로 인한 기술 발전에 대해 얘기하고자 합니다.

　항공산업에서도 특히나 여객 수송을 주로 하는 객실 승무원이 포함된 여객기 사업은 결국 서비스 산업으로도 이해할 수 있을 듯합니다. 서비스 산업에 포함되어 또다시 세부적인 항목으로 볼 수 있는 호텔의 경우 다소 새로운 기술, 즉 IT와 같은 정보통신기술이 기존 방식과 결합하여 탄생하는 첨단방식의 기술 도입이 다소 느린 편이라는 평가를 받지만, 항공사는 호텔보다는 조금 더 빠른 편이라는 평가를 받는 편이죠. 물론 다른 산업의 일부 직종과 비교한다면 항공사 역시 이에 대한 도입이 빠르다고 할 수 없을 듯합니다. 특히나 수많은 기술의 집약체로 볼 수 있는 항공기를 대상으로 한 사업임에도 불구하고 서비스가 필요한 부분에서의 기술 도입은 다소 소극적인 편이었다고 판단됩니다.

　그러나 최근 이러한 움직임이 달라진 것은 분명한 듯합니다. 특히나 앞서 언급한 4차 산업혁명 속의 기술과 서비스 산업의 결합에 가속을 붙게 한 것은 현재 항공시장이 겪고 있는 감염병 확산에 의한 비대면 서비스 강화로 인한 것을 꼽을 수 있을 듯합니다. 물론 이번 사태로 인해 항공 서비스 분야에서의 기술 확대가 일어났다고 볼 수 없으나, 새로운 기술에 대한 도입을 결정하면서 중간과정이 생략되게 한, 다시 말해 전과 달리 과감한 결정을 할 수밖에 없는 상황을 만들게 한 것은 분명한 듯합니다. 그런데도 한계는 분명 존재한다고 볼 수 있습니다.

다가올 미래에 인식의 변화를 기본으로 한 기술 역시 더욱더 진보된 시점에서는 분명 달라질 가능성이 많아 보입니다만, 현시점에서만 본다면 항공 서비스의 경우 현실적으로 비대면이 불가능한, 다시 말해 당장은 대면 서비스가 필요한 부분이 다수라는 것 역시 부정할 수 없는 사실이죠. 물론 객실 승무원이 포함된 여객 수송을 주로 하는 항공사에서 서비스하는 과정에 필요한 기술적인 부분 외에도 분명 전체적인 그림에서 항공산업이 더욱더 성장하기 위해 발전된 기술 도입이 필요한 곳은 존재합니다. 그중에서도 객실 승무원과 관련한 기술 도입 중 최근 화제가 되는 것이 바로 일부 항공사에 의해 이미 도입되고 있거나 혹은 최근 에티하드 항공이 도입한 바이오 기술을 주목해야 할 듯합니다.

항공여행이 시작되는 공항에서부터 항공기까지 필요한 정보통신 기술을 개발하고 제공하는 SITA, 즉 국제항공통신협회에서 개발한 바이오 기술을 도입하여 에티하드 항공은 승무원 업무 과정이자 그 시작으로 볼 수 있는 출근 직후 체크인 시스템에 이를 반영했다는 소식으로 간단히 축약할 수 있을 듯합니다. 한 달 혹은 항공사에 따라 두 달 전 비행 스케줄을 배정받은 뒤 출근 장소라 할 수 있는 승무원 라운지에서 공항까지의 거리를 바탕으로 항공사마다 각기 다른 출근 시간에 맞춰 라운지에 도착한 승무원은 가장 먼저 항공사에서 제시하는 방법으로 체크인을 하게 됩니다. Show-up, Check-in 등 결국 같은 의미를 가진 여러 표현을 쓰기도 합니다만, 쉽게 말해 출근 도장을 찍었다고 이해할 수 있습니다.

정시 이륙을 위해 출근 시간 엄수가 필수인 직업이기 때문에 그들의 출근 시간은 전산화되어 보관되며 인사고과 등에 활용되는 중요한 사안이 됩니다. 출근 시간 관리의 엄중함 때문에 쇼업 시간을 넘긴 승무원을 대신해 미리 도착한 동료 승무원의 대리 쇼업이 발각되는 경우 큰 불이익을 받는다는 것만 보더라도 시간의 중요성을 짐작게 합니다. 시간의 소중함은 물론 시간 약속의 중요성을 잘 인지하는 것이 중요한 자질이 될 수 있다는 것 역시 참고할 수 있을 듯합니다. 이처럼 출근 후 가장 먼저 하게 되는 쇼업 과정에서 바이오 기술이 도입된, 즉 바이오 기술이 도입되어 안면 인식 시스템을 바탕으로 쇼업이 이루어짐은 물론 이와 동시에 항공 안전과 보안에 대한 지식을 잘 유지하고 있는지를 점검하는 질문을 개개인의 휴대폰을 통해 받는 것을 알 수 있습니다.

출근해서 비행 전에 참여하는 필수 브리핑인 승무원 브리핑 중 사무장의 주도하에 모든 승무원에게 매뉴얼에 포함된 안전 관련 질문을 하여 지식상태를 점검하는 단계에서 벗어나 대면을 최소화할 수 있다는 장점을 끌어냄과 동시에 바이오 기술이 도입된 시스템을 통해 진행되는 만큼 이러한 기록은 모두 데이터로 저장되어 승무원의 비행 준비 상태를 관리하는 역할을 할 것으로 판단됩니다. 특별한 상황이 아니라면 브리핑이 간소화되어 시간을 절약할 수 있는 이점도 있을 듯합니다. 물론 비대면이 강조되는 시대입니다만, 여전히 기내 안전과 보안을 책임지기 위해 탑승하는 승무원의 업무상 필요한 브리핑 절차가 과도하게 간소화되는 것은 문제가 있으리라 판단됩니다만, 필수단계의 생략이 아닌 방식의 간소화와 데이터화를 위한 기술 도입으로 판단되는 만큼 장점으로 작용할 수 있을 것으로 보입니다.

캐세이퍼시픽의 경우 바이오 기술을 도입하여 얼굴을 인식한 뒤 쇼업하는 방식을 사용하지는 않으나, 에티하드 항공에서 도입하며 새롭게 시작하는 것 중 하나인 비행 전 안전지식 숙지상태를 확인하는 질문과정의 경우 대부분의 항공사에서 체크인 시 사용하는 컴퓨터를 이용하여 Sign on, 즉 출근 시간을 기록한 뒤 컴퓨터상으로 안전 관련 질문을 받고 문제를 풀어야 하는 방식으로 브리핑 시간을 줄이는 것으로 알려져 있죠. 전 세계 다양한 항공사의 승무원은 대부분 출근 시 소지한 신분 확인용 직원 카드를 통해 라운지에 들어가 컴퓨터로 출근 시간을 기록하는 방식을 채택하고 있죠.

그러나 이번 에티하드 항공은 바이오 기술을 도입하여 ID CARD, 즉 신분 확인을 위한 사원증이 아닌 안면 인식을 통해 출근 시간을 기록하고 브리핑 과정 중 일부인 안전 질문을 받는 단계까지 해결하게 됩니다. 물론 아직 도입 전 실험단계인 만큼 조금 더 시간이 소요되리라 판단됩니다. 이를 바탕으로 에티하드 항공은 사실상 안면 인식을 통해 출근 시간을 기록하는 여객 항공사 중 최초가 될 듯합니다. 물론 최초라는 것에 큰 의미를 부여할 수는 없습니다만, 이를 통해 포스트 코로나에 대비하여 뉴노멀 비행시대를 열어가는 과정에서 필요한 여러 투자는 물론이고 기술 도입을 염두에 둔 항공사라는 인식을 하기엔 충분할 것으로 보입니다. 도입 전 실험과정에서 에티하드 항공 승무원에 의해 현장과 맞지 않아 발생하는 문제점이 발견될 것으로 보입니다만, 결국 이러한 시스템의 발전은 4차 산업혁명을 통해 더욱더 속도를 낼 것임은 물론이고, 업무과정을 더욱 편리하게 만들어 간소화되면서도 효율은 더욱 높은 업무환경을 만들어줄 것이라 예상됩니다. 물론 이러한 기술의 발전을 통해 항공시장 역시 장기적인 관점에서 인력 감소라는 문제가 남을 가능성은 충분하지만, 기술 발전과 도입이라는 관점에서만 본다면 업무 효율 증대라는 긍정적인 결과를 초래한다는 것은 분명한 만큼 라운지의 환경을 넘어 직접 승객을 대면하여 응대하는 서비스 현장에서도 일어나고 있는 기술 변화에 주목해야 할 시점이 아닐까 싶습니다.

승무원 교육에
VR 도입한 KLM

우리의 최대 관심 산업분야로 볼 수 있는 항공산업을 포함하여 여러 산업이 복잡하게 얽힌 현대사회를 살아감에 있어 일부 우려를 표하는 주장도 있습니다만, 최근 산업구조를 바탕으로 전체 산업의 빠른 발전, 즉 변화는 여러모로 큰 호기심을 자극함은 물론 이러한 변화는 결국 긍정적으로 삶에 영향을 줄 수 있을 것이란 기대감이 높아지는 시기가 아닐까 싶습니다. 특히나 감염병 확산사태를 겪은 후 현재 백신 상용화가 본격적으로 시작되며 포스트 코로나 시대를 맞이하기 위한 준비가 본격적으로 시작된 시점에서 이를 계기로 새로운 변화의 바람이 불며 개발 속도 역시 더욱 빨라짐에 따라 도입된 다양한 기술과 아이템 등에 주목할 수밖에 없을 듯합니다. 항공산업 역시 비대면 서비스 도입에 한계가 있는 만큼 당장 많은 영역에서 비대면 서비스가 가능한 기술을 도입할 수 없는 상황입니다만, 가상현실, 즉 VR을 활용한 인재 양성에는 적극적인 것으로 보입니다. 그중 KLM의 경우 최근 VR기술을 활용한 Flying V 개발에 집중하는 것을 알 수 있죠. 오랜 역사와 전통을 가진 네덜란드 국영 항공사였으나 여러 고초를 겪은 뒤 현재는 에어프랑스의 자회사가 되었습니다. 그러나 세계에서 가장 오래된 항공사로서의 역사를 유지함은 물론 전 세계 항공시장으로 본다면 과거와 달리 힘을 잃어가고 있으나 여전히 유럽연합 내 여러 항공사 중 영향력을 유지하고 있는 만큼 일부에서는 KLM이란 항공사에 대해 새로운 기술을 투자하거나 누구보다 빠르게 도입하지는 않으리라 생각하기도 합니다. 그런데도 오랜 역사와 전통을 이어가는 클래식함을 유지함과 동시에 빠르게 변화하는 산업사회 속에서 도태되지 않기 위한 노력 역시 동시에 이어지고 있다는 것을 알 수 있죠.

VR을 활용한 교육은 특히나 객실 승무원과 운항 승무원 양성과정에 적극적으로 활용됩니다만, 이외에도 엔지니어와 수하물을 관리하는 인력은 물론이고 기내 클리너를 위한 초기 교육에도 사용된다고 합니다. 객실 승무원의 경우 이론교육에도 사용될 예정입니다만, 더 중요한 것은 실무교육이 아닐까 싶습니다. KLM은 물론 일반적으로 객실에서 대부분의 근무 시간을 보내는 전 세계 승무원은 입사 후 초기 교육 중 실무에 대해 배우는 과정은 항공사에 따라 조금씩 차이가 있습니다만, 교육마다 실제 항공기에 탑승하여 눈으로 그리고 몸으로 익힐 기회가 주어지지 않기 때문에 임시방편으로 교육시설 내에 마련된 모형

공간, 즉 목업(Mock up)에서 실무를 익히는 경우가 일반적인 만큼 가상 현실 프로그램을 활용하여 실무와 이론 교육을 진행하는 것은 분명 긍정적인 효과를 기대할 수 있을 것이란 전망입니다.

입사 후 항공사의 운영 기종과 인재 활용상황 등에 따라 2~4달간의 초기 훈련교육은 물론이고 매년 주기적으로 자격을 유지하기 위해 법적으로 정해진 교육을 이수해야 하는 객실 승무원과 운항 승무원을 전과 달리 조금 더 효율적으로 양성하고 실력을 유지하게 할 수 있는 투자와 기술이 부족했던 것도 사실인 만큼 이번을 계기로 투자 규모와 발전 속도 역시 조금 더 가속이 붙게 된 것을 계기로 여러 항공사에서 전문 인력을 양성하면서 필요한 인식 개선과 투자 및 도입 역시 긍정적인 방향으로 흘러갈 것이라 기대됩니다.

신입 혹은 경력직 승무원의 입장에서 보더라도 현장에서 대부분의 시간을 보내는 현장 근무자의 실무 교육을 매뉴얼과 사진 등으로만 진행하거나 모형공간에서만 이뤄진다면 분명 실무에 투입된 후 현장에서 부딪히며 익힌다는 것을 감안하고 생각하더라도 초기 업무 능력의 부재로 인해 발생할 수 있는 실수는 물론이고 장기적인 관점에서 보더라도 꾸준한 실무에 대한 교육이 필요한 직업인 만큼 VR을 활용한 교육은 여러모로 긍정적일 수밖에 없을 듯합니다. 물론 면접을 준비하는 지원자도 직업의 실무능력을 향상할 수 있는 교육기술의 발전은 분명 좋은 소식일 수밖에 없겠죠.

그러나 100년의 역사를 자랑하는 KLM 승무원을 꿈꾸는 사람이라면 채용 진행조차 불투명한 현시점에 선택받은 합격자에게만 주어지는 교육의 질을 올리기 위한 신기술 도입이 기쁘다고만 볼 수는 없을 듯합니다. KLM 역시 현재 전 세계 항공사가 동시다발적으로 겪고 있는 위기를 피해 갈 수 없는 만큼 국내 채용에서 합격했던 일부 지원자의 입사 역시 불투명해진 시점에서 신규 채용을 기대하기까지 수년이 소요되리라 판단됩니다만, 2년 이상 근무할 수 없는 계약 조건임에도 경력직 승무원 역시 한 번쯤 꿈꾸는 항공사 중 한 곳인 만큼 높은 경쟁률을 뚫기 위한 준비는 선행되어야 한다는 것을 잊어선 안 됩니다. 물론 비행시간 대비 높은 임금과 여유 있는 스케줄 등에 의해 2년이라는 조건임에도 불구하고 승무원 경력의 종착지로 이어지는 명성은 과거에 비해 다소 주춤할 수밖에 없는 이유 역시 존재합니다.

승무원은 물론이고 이들이 속한 항공사 역시 언제까지나 호황이거나 안전할 수만은 없다는 것을 이번 사태를 계기로 IMF 등의 금융위기와 9.11테러 등에 의해 겪은 위기 이후 다시금 깨닫게 된 만큼 조금 더 안정적인 자리를 선호할 수밖에 없으므로 2년이란 단기간 근무만이 제시되는 KLM 승무원 채용 역시 감염병 확산을 전후하여 선호도에 일부 변화가 있으리라 판단되는 것도 사실이죠. 그런데도 각자의 상황과 조건 등은 다를 수밖에 없는 만큼 2년이라는 제한된 근무 기간에도 지원자는 꾸준히 존재할 수밖에 없다는 것도 중요합니다.

지원자가 계속해서 존재하는 것과 같이 2년이란 계약이 종료되어 전직 승무원이 되거나 되는 것을 앞둔 현직자가 존재한다는 것이죠.

결국 포스트 코로나를 맞이하며 국가 간 봉쇄가 조금씩 완화되고 국제선 노선 운영 역시 정상 궤도에 오른 시점에서 계약이 종료되어 수요보다 부족한 국가의 국적을 가진 승무원을 채용하기 위한 움직임 역시 예상할 수 있는 시나리오 중 하나가 아닐까 싶습니다.

급변하는 산업의 구조와 전체적인 흐름은 항공산업 역시 많은 변화를 가져오게 하는 시점이 아닐까 싶습니다. 변화되는 것이 눈으로 보이는 유형의 것이든 분위기 등과 같은 무형의 것이든 간에 결국 이러한 변화에 따르는 것 역시 단기적인 미래에 내가 되고자 하는 그리고 속하고자 하는 기업의 채용을 준비하는 첫걸음이 될 수밖에 없다는 점을 기억해야 합니다.

승
무원
2 0 2 3
트
렌
드

달라질 홍콩 항공사
승무원 채용의 미래

      총인구수 혹은 국토 면적 대비 항공사 수를 비교하는 여러 자료에서 한국이 항상 최상위권의 순위를 기록한다는 것은 이번 감염병 확산 사태로 불거진 항공산업만의 위기론이 수면으로 떠오르기 전부터 이미 과당경쟁과 유가 상승 등으로 인해 각 항공사에서 연일 새로운 매출 기록을 경신하던 분위기가 한풀 꺾임과 동시에 여러 전문가와 언론을 통해 이 문제가 제시되었던 것이 사실입니다.

      특히나 플라이강원을 포함한 총 3곳의 신규 항공사에 대한 출범을 허가하며 국토 면적 대비 다소 과도하게 보일 수밖에 없는 총항공사 수에 대한 논란이 도마 위에 오르게 되었죠. 물론 이 논란은 꾸준히 이어지는 상황입니다. 특히나 가장 마지막으로 허가를 받고 운항 증명 발급을 기다리고 있는 2곳을 대상으로 지역 내 찬성 여론은 물론 정부가 나서서 출혈 경쟁을 부추긴다는 반대 여론 역시 완강해 보입니다.

　　반대와 찬성 여론을 바탕으로 한 여러 복잡한 이해관계 속에서 책임 부처인 국토부에 의해 내려질 결정은 업계가 최근 주목하고 있는 사안 중 하나가 아닐까 싶습니다. 물론 빅딜로 명명되어 작은 움직임에도 촉각을 곤두세울 수밖에 없는 대한항공의 아시아나항공 인수합병 과정에 정부는 물론 관련된 상위 직급의 관계자는 사활을 걸고 있는 만큼 대부분의 시선이 이들로 쏠려 있다는 것은 운항 증명을 기다리는 신생 항공사는 물론 이스타 항공 역시 피해를 보는 것으로 판단되므로 조금은 아쉬움이 따를 수밖에 없는 상황이죠. 더 커 보이는 사안이 눈앞에 있다고 하여 문제 해결을 위한 기본적인 관심조차 받지 못한다는 것은 분명 문제가 있어 보입니다.

　　물론 반대 여론의 주장 역시 충분한 근거를 뒷받침하고 있긴 합니다. 미국을 비롯한 일부 주요 항공시장, 다시 말해 국내시장보다 규모가 조금 더 크거나 전 세계 항공시장 내 입지가 확실한 국가의 경우 인구 1,000만 명당 항공사 수는 0.8~1개지만 국내의 경우 2개 이상의 평균 수치를 나타내고 있죠. 물론 인구수를 놓고 비교한 상대적인 평가인 만큼 이러한 수치만으로 국내시장의 항공사 수가 항공교통을 이용하는 실제 수요보다 과도한지를 절대적으로 이해할 수 있는 자료가 될 수는 없습니다만, 결국 인구수가 많아짐에 따라 항공교통을 이용할 가능성이 있는 잠재적인 수요 역시 증가할 수밖에 없는 만큼 이러한 수치를 제시하며 반대하는 여론이 존재한다고 볼 수 있습니다. 특히나 중국 시장의 경우 현재 국내의 신규 항공사 수를 모두 더한 수와 동일한 9개의 항공사가 여객 운송사업을 이어가고 있죠.

기본적으로 잘 알려진 동방항공, 남방항공, 에어차이나, 하이난 항공 이외에도 국내시장에는 다소 생소할 수 있으나 중국 선전을 베이스로 운항하는 동하이항공 역시 포함되어 있습니다. 동하이항공은 앞서 나열한 중국 항공사 빅 4라고 말할 수 있는 곳에 비해 규모는 작습니다만 경제특구로 지정된 후 부자 도시에 항상 순위를 올리는 것은 물론 대도시라는 확실한 항공수요를 배후에 두고 있는 만큼 설립 후 10년 만에 항공기 20대 이상을 돌파한 상황이죠.

또한, 최근 동하이항공의 투자자이자 소유자로 볼 수 있는 중국 부호 중 한 명인 빌 옹은 홍콩을 베이스로 한 신생 항공사 설립을 위해 총력을 기울이는 움직임이 포착되고 있습니다. 물론 전 세계 모든 도시에서 감염병이 확산되며 항공수요가 증발한 시점에서 홍콩 역시 이러한 위기를 피해 갈 수 없는 만큼 신생 항공사 설립에 대해 다소 부정적인 평가를 하는 매체도 있는 듯합니다. 그런데도 홍콩 시장으로의 진출이 매력적일 수밖에 없는 이유 역시 존재합니다. 조금 과격하게 표현하자면 위기를 기회로 본 빈집털이와 같다고 볼 수 있다는 것이죠. 세계 시장의 미래를 한발 앞서 분석하여 내놓은 여러 기관을 통해 공개된 항공시장 전망 분석자료에는 분명 정상 회복까지 최소 2년 이상 소요될 수밖에 없는 이 기간 동안 기존 사업자 중 일부는 버티지 못해 파산하거나 규모를 축소할 수밖에 없는 상황에서 자금력을 잃어버리기 때문에 탄탄한 자금력을 바탕으로 적당한 시기에 새롭게 사업을 시작할 신규 항공사엔 기회일 수밖에 없다는 것입니다.

감염병 확산에 대한 문제가 서서히 걷히면서 항공교통에 대한 수요 역시 다시금 제자리로 돌아갈 수밖에 없다는 것은 사실상 누구나 예측할 수 있는 그림이기 때문입니다. 동하이항공의 소유주인 빌 옹이 특히나 홍콩을 새로운 항공사 설립을 위한 적격지라고 생각했던 이유 중 하나는 바로 드래곤 항공에서 캐세이 드래곤으로 사명을 변경한 캐세이퍼시픽의 자회사가 시장에서 사업을 철수했기 때문으로 분석됩니다. 그들의 철수로 인해 현재 홍콩 내 항공사는 캐세이퍼시픽, 홍콩항공, 홍콩 익스프레스로 줄어들게 되었고 빌 옹에 의해 구축된 신생 항공사인 그레이터 베이 에어라인은 캐세이퍼시픽의 자회사였던 드래곤 항공 출신의 여러 고위급 인사를 영입하며 홍콩 시장 진출을 위한 도움을 받는 것으로 전해집니다.

이러한 소식이 반가울 수밖에 없는 이유는 결국 홍콩 내 정상 운영 중인 것으로 보이는 홍콩항공, 캐세이퍼시픽 그리고 홍콩 익스프레스 모두 한국인 승무원을 채용했거나 최근까지도 일정 기간을 간격으로 채용해 왔기 때문이죠. Greater bay airlines 역시 보잉사의 B737기종을 리스할 것으로 전해지고 있으며 국내선과 인근 아시아 국가로의 취항에 주력할 것이라 발표한 저비용 항공사인 만큼 한국 취항 역시 추후 기대할 가능성이 충분해 보입니다.

결국, 이러한 전개는 한국인 승무원을 채용하는 외항사 리스트에 새롭게 추가될 수밖에 없다는 점에 주목해야 합니다. 물론 당장 운항 증명조차 발급되지 않은 상황에서 외항사 채용에 대한 기대심리를 부추길 수는 없습니다만, 이들과 같이 전 세계 다양한 시장에서 치밀한 계획을 바탕으로 새롭게 도전장을 낼 것으로 보이는 신생 항공사의 움직임만은 채용을 기다리는 사람의 처지에 있다면 주목하지 않을 수 없습니다.

여러 자료를 통해 쉽게 이해할 수 있는 내용 중 하나가 바로 위에서 이미 언급한 바와 같이 항공시장의 수요가 정상 단계로 회복되기까지 소요될 것이라 예상되는 1~2년이라는 미래는 결국 신규 사업자가 시장에 값싸게 나올 수밖에 없는 항공기를 비롯하여 사업에 필요한 여러 물자와 인력까지도 확보하며 탄탄하게 사업을 준비해 나갈 수 있는 기간이라는 점입니다. 결국, 이들이 본격적으로 시장 내 운항을 시작하는 시점은 항공수요가 정상적으로 회복되는 시기이자 기존 사업자는 이미 지친 상황이라는 계산을 할 수 있게 됩니다. Greater bay airlines 역시 현재 항공기 3대를 리스하기 위해 여러 리스 업체와 조율하고 있는 것으로 보이며 운항 승무원 확보를 시작으로 가까운 시일 내에 객실 승무원 역시 채용에 나설 것으로 보입니다.

빠르면 2021년 중반기를 기점으로 첫 비행을 계획하고 있죠. 지난 8월 운항 증명을 신청한 것으로 전해집니다. 홍콩의 새로운 항공 사업자로서 정상 궤도에 진입하여 공격적인 국제선 취항을 이어가는 단계까지 올 수 있다면 외국인 승무원에 대한 채용 역시 기대해 볼 수 있을 것으로 판단됩니다.

승
무
원
토
렌
드

2 0 2 1

한국인 승무원 꾸준히 채용하는 일본!
집에어(Zip Air)는?

　항공사 그리고 이들이 속한 관광업계의 위기는 국내에 한정되지 않습니다. 유가 상승, 과당경쟁 등과 같은 복합적인 문제들이 감염병 확산이라는 결정적인 이유를 만나며 항공사의 존폐 위기가 더욱 커진 것이 사실이지만, 전 세계에 닥친 위기에 대한 원인의 대부분은 역시 감염병이라는 것도 부정할 수 없는 사실이죠. 무엇이 더 심각한지를 견주는 것은 의미가 없습니다만 국내 항공시장만을 놓고 보면 2019년 하반기 이전부터 여행 수요 대비 항공사 수, 특히나 문제로 제기된 저비용 항공사의 과당경쟁으로 인한 가격 하락 및 유가 상승 등에 의해 심각한 존폐 위기가 찾아올 것이라는 얘기가 심심치 않게 나왔고 최근 벌어지는 일들로 인해 항공수요가 증발하며 더더욱 큰 위기에 처할 수밖에 없다는 분석입니다. 물론 다른 나라의 사정도 큰 차이는 없습니다.

감염병 확산을 줄이고자 국경을 봉쇄하며 국제선 운영에 가장 먼저 어려움을 겪었던 만큼 항공사는 국내선 수요에 집중하며 일부 손실을 만회하고 있지만, 영토의 특성상 국내선을 운영하지 않는 홍콩, 싱가포르의 경우 그만큼 돌파구를 찾기가 어려울 것이고 유럽권 일부 항공사는 파산하거나 국유화에 대한 논의가 시작된 곳도 있습니다. 지리적으로 가장 가까이에 있는 일본 역시 위기를 피해갈 수 없겠죠. 일본 시장 역시 국내시장과 같이 외국계 항공사의 자국 진출에 보수적입니다만, 모든 수단을 동원하여 막고 있지는 않은 만큼 자국 기업과의 합작으로 진출을 허가하고 있으므로 일본에 진출한 일부 외국계 항공사가 먼저 백기를 들었습니다.

에어아시아 재팬 법인이 2020년 하반기 일본 시장 철수절차를 밟고 있고 뒤이어 콴타스의 일본항공과의 합작으로 오래전부터 사업을 시작했던 젯스타 역시 일본 시장에서 물러난다는 의사를 밝혔습니다. 물론 터줏대감으로 볼 수 있는 ANA와 일본항공 역시 합병에 대한 얘기가 나오는 등 어려운 시장상황을 짐작게 하는 흐름이 이어지고 있습니다.

최근 합작회사인 젯스타의 철수가 공개되었으나 이러한 분위기와 달리 또 다른 방향의 움직임이 포착되고 있습니다. 아직 국내시장에는 생소한 ZIP AIR의 소식이죠. 집에어는 출범 당시 저비용 항공사와 FSC 항공사 사이에서 새로운 대안이 되는 방향에서 탄생한 HSC 사업모델을 제시하는 것으로 보였으나 여러 언론소식을 참고하자면 LCC의 형태로 사업을 진행하는 것으로 판단됩니다. 집에어는 최근 국내시장과 달리 조금 더 일본 출신에 대한 색깔을 드러내고자 국외시장에서 사용하는 사명의 경우 도쿄를 붙여 '집에어 도쿄'로 사용한다는 것을 알 수 있습니다.

감염병 확산에 대한 우려가 더해지며 원활한 국제선 시장 진출이 어려워진 만큼 애초 계획에 따른 일정에는 차질이 있지만, 사업을 시작하며 내세웠던 내용과 같이 방콕을 첫 취항지로 하여 운항을 시작했고 인천 취항 역시 성공했습니다. 특히나 일본 내에서 100명의 객실 승무원을 채용할 것이라 밝힌 만큼 이러한 소식은 일본 항공사로의 채용을 고려하는 한국인 지원자에게도 주목할 만한 소식이 아닐까 싶습니다. 물론 초기 여객사업을 계획했던 것과 달리 여객 수요의 증발로 인해 화물기로 조금 더 집중하여 운영 중이나 항공기는 공항에 계류하며 아무것도 하지 않아도 비용을 지급해야 하는 만큼 소소하게나마 손실을 줄일 수 있는 움직임이 있을 것이라는 점은 부정할 수 없는 사실이죠.

방콕에 이어 집에어 도쿄가 주목한 곳은 인천 노선이지만 최종적인 노선은 미주 태평양을 향하는 것으로 보입니다. 멀리 날기 위한 준비운동이자 여전히 가까운 거리에 비해 수요가 많은 점 등을 통해 한국과 일본을 연결하는 노선은 항상 수익이 높은 효자 노선이었던 만큼 포스트 코로나에 대비한 선택으로 보입니다. 전쟁 속 눈부신 활약을 보이는 집에어의 소식으로부터 주목해야 할 것은 대부분의 일본 항공사가 한국인 승무원을 채용했다는 것이죠. 물론 다른 외항사와 굳이 비교하자면 채용과 채용 사이의 공백이 길다는 게 아쉬운 점이긴 합니다.

그러나 인터프리터, 즉 통역을 위해 배치하는 인원을 뽑는 JAL을 포함하여 미주노선에도 한국인 승무원이 투입되는 ANA, 그리고 일부 저비용 항공사 및 사업을 철수한 에어아시아 재팬 역시 취업비자 소지에 대한 자격이 필수였으나 한국 국적의 승무원을 채용했습니다.

　　국내 항공사의 경우 일본어가 가능한 한국인 승무원을 높은 비율로 채용하는 만큼 일본인 승무원이 근무하지는 않으나 FSC 항공사의 경우 일본인 승무원을 뽑습니다. 서비스는 물론이고 운항 중 발생하는 위급상황에서 외국인 승객을 돕기 위해 언어가 가능한 외국인 승무원의 필요성에 대한 부분을 높게 평가하는 나라가 일본인 만큼 국내 역시 그런 편이지만, 일본이 가진 좋은 부분 중 하나가 아닐까 싶습니다. 이를 통해 좀 더 장기적인 미래에 조금이나마 기대할 수 있는 점을 언급하자면 ZIP AIR 역시 인천 노선에서 여객사업이 시작되고, 추후 포스트 코로나와 함께 다양한 노선 확장으로 안정을 찾는 시기가 온다면 이들 역시 외국인 승무원 특히 한국인에 대한 수요가 늘어 중요도가 높아짐에 따라 Korean Cabin Crew를 채용할 수 있다는 것입니다. 물론 한 치 앞도 알 수 없는 터널을 지나는 위기 속에 있어 그 누구도 알 수 없는 사항입니다만 그간 일본 항공시장의 일반적인 채용상황만을 놓고 본다면 중장기적인 관점에서 충분한 가능성이 있으리라 판단됩니다.

　　일본어가 가능한 승무원을 준비하는 학생이라면 더더욱 집에어 도쿄의 행보를 유심히 지켜봐야겠죠. 어려움 속에 첫발을 내디딘 항공사인 만큼 존폐 논란이 더욱 뜨거울 수밖에 없지만 모기업인 일본항공이 일부 사업을 철수하고 그들 역시 항공수요 감소로 운영에 어려움을 겪는 상황에서 사업계획 진행에 속도를 내는 것으로 보아 집에어에 거는 기대가 크다는 것을 짐작게 합니다.

승무원이라는 직업에 종사하기 위해 면접을 준비하고자 하는 시점에 있는 학생의 관점에서 가장 중요한 것은 항공시장의 부활과 이를 통한 채용 재개입니다만, 집에어 도쿄 역시 어디까지나 위기를 넘어 생존할 수 있어야만 사업 확장도 그리고 다양한 방면에서의 채용도 기대할 수 있는 만큼 일본 시장에 새로운 사업자로서 생존할 수 있기를 우선 바라봅니다.

대한항공 채용 준비!
항공운항과가 다시 유리해진다?

모든 여행은 이동 수단이 무엇이든 결국 출발지가 있는 만큼 목적지이자 도착지도 존재하게 됩니다. 여행의 정의 자체가 출발지와 목적지가 존재하는 이동을 기본으로 하기 때문이죠. 그런데도 최근 국내와 외국 항공사에 대한 구분 없이 전 세계 여러 항공사를 통해 목적지가 없는 여행상품이 출시되고 있으며 지금도 조금씩 주제와 구성을 달리하여 비슷한 상품이 출시되는 것을 보면 여행이 가진 고정적인 출발지와 도착지가 달라야 한다는 의미가 코로나19 확산 시대로 인해 달라질수 있음을 생각게 합니다.

면세품 구매가 일시적으로 허용되며 꺼져가던 불씨가 최근 다시 타오르는 그림이죠. 일각에서는 대한민국을 벗어난 장소에서 사용한다는 전제하에 면세되는 만큼 본래의 취지를 거스른다는 목소리 역시 제기되고 있습니다. 이외에도 다시금 출발지로 돌아와야 하는 방식은 도착지에서의 경험과 관광 등이 중요한, 여행이 가진 기본적인 정의를 흐릴 수 있고, 결국 더 나아가 무의미하다는 결론까지 도출될 수 있다는 생각을 한다면 지속적인 수요에 대한 한계점이 지적되거나 끝물이라는 평가 역시 꾸준히 나올 수 있는 상황이라 판단됩니다.

그러나 초기와 같은 폭발적인 수요가 아니더라도 항공기를 주기장에 정차된 상황에서 고정비가 지출되는 것보다는 나은 수준에서의 수요를 만들어내고 있는 것 역시 무시할 수 없다고 봅니다. 현재 국내 항공사 역시 일부 항공사를 제외한다면 사실상 대부분의 항공사에서 체험 비행, 상공 여행상품이란 이름으로 판매하고 있습니다. 가장 큰 화제를 일으켰던 아시아나항공 역시 A380기종을 투입해 비교적 합리적인 가격에 비즈니스 좌석을 경험하거나 승객 전원에게 다양한 선물을 준비하여 증정함으로써 그 가치를 배가시킨 상품을 판매했습니다.

2020년 12월 면세품 구매가 허용된 뒤 기획하여 판매된 상품의 경우 1,000명대의 국내 확진자가 지속되며 상황이 악화되어 취소되기도 했죠. 이외에도 저비용 항공사 중에서도 에어부산의 경우 참여자 중 일부에게 사옥을 공개하거나 승무원 면접을 준비하는 사람을 대상으로 한 단체 상공 여행상품에 훈련센터를 공개하는 등 에어부산만의 색깔을 드러낸 상품을 판매했고, 제주항공의 경우 그들이 가진 강점으로 볼 수 있는 승무원을 활용한 특화팀 이벤트를 더하며 차별화를 시도하기도 했습니다. 이러한 움직임에도 불구하고 대한항공의 경우 이와 관련된 상품 출시에 대해 별다른 반응을 보이지는 않고 있습니다.

혁신적인 기술 도입을 제외한 새로운 기내 서비스 도입에 있어 다른 FSC 항공사보다 유독 보수적인 편으로 평가받는 항공사인 만큼 일각에서는 상공 여행상품, 즉 목적지가 없는 비행상품을 출시하지 않을 것이라는 얘기도 많았죠. 물론 개중에는 결국 눈치만 보다 시기를 놓친 것이라는 의견도 있었습니다. 관련 상품 출시에 대한 사내 움직임에 대해서는 외부에서 정확히 알 수 없습니다만, 분명 체험 비행 혹은 상공 여행상품 등이 항공시장에서 언급되어 화제가 되는 상황에서 한 번쯤 출시에 대한 움직임은 있었을 것이나 시장에 이미 나와 있는 기존 상품과는 차별화를 두면서도 대한항공만의 품위를 유지하는 색깔을 가진 상품을 고심하는 과정에서 이미 끝물이 돼버린 것이란 분석입니다. 그러나 일반 승객을 모아 상공 여행상품을 계획하지 않았을 뿐 인하공업 전문대학의 항공운항과 학생을 대상으로 체험 비행을 진행했다는 점은 주목해야 할 듯합니다.

일반 승객을 대상으로 한 목적지가 없는 비행 상품은 물론이고 항공 관련 학과 학생을 대상으로 한 영리 목적의 상품은 더더욱 진행하지 않을 것으로 여겨졌던 만큼 다소 의아하다는 반응이 일반적이긴 했습니다. 인하공전 항공운항과의 경우 한진그룹에서 운영하는 재단의 교육기관인 만큼 대한항공을 통해 진행한 체험 비행에 필요한 비용을 누가, 얼마나, 어떻게 부담했는지에 대한 부분은 정확히 공개된 것이 없지만 비용 부담과 관련한 문제 이전에 이 소식을 통해 주목해야 할 것은 항공운항과 학생을 대상으로 체험 비행을 진행한 소식을 바탕으로 머지않은 시기에 일반 승객을 대상으로 한 상공 여행상품 역시 출시할 것이란 전망이 나온다는 것과 함께 과거 과반수의 인원이 대한항공 신입 승무원 채용에 합격했던 황금기가 또다시 재현될 수 있을지도 모른다는 것이 아닐까 싶습니다.

그게 무엇이든 간에 항공시장에서 어떠한 새로운 서비스 혹은 상품 등에 있어서만큼은 후발주자가 되는 것을 죽기보다 싫어하는 항공사 중 한 곳인 만큼 이미 대부분의 항공사가 출시한 상품을 후발주자로서 출시하게 된다면 가장 큰 흥행 성공을 보여야 하는 만큼 사용되는 기종은 물론이고 이벤트 구성 역시 그 어떤 상품보다 더 많은 가치를 담고자 노력할 것이라 예상합니다. 그런데도 일반 승객을 대상으로 한 대한항공의 목적지 없는 비행 상품 출시와 관련해서는 공식적으로 알려진 계획은 현재까지 없는 만큼 항공운항과의 체험 비행을 했다는 소식을 기반으로 가까운 미래에 출시할 것이란 추측을 해보는 수준에서 그치는 상황입니다.

우리가 이보다 더 중요하게 생각해야 할 것은 인하공전 항공운항과와의 대외적인 협력관계를 과시하는 듯 외부에 알려진 체험 비행 소식을 바탕으로 추후 진행될 새 시대의 채용에서는 이전보다 조금 더 항공 서비스 관련 전공자에 대한 시선이 달라질 수 있다는 것입니다. 위기의 순간일수록 더더욱 팔은 안으로 굽는 것은 물론 아무도 믿을 수 없다는 생각이 깊어지며 작은 부분이라도 연결고리를 가진 사람이 내 사람이라 착각하기 쉽기 때문이죠. 이를 생각해 본다면 추후 코로나 시대를 지난 시점에서의 채용은 조금이나마 급변한 항공시장의 변화 속에 몸을 맡긴 채 살아온 사람이라 생각할 수 있는 관련 학과 출신에 대한 일부 우대가 충분히 고려될 수 있음을 이해해야 합니다. 물론 잊지 말아야 할 것은 그렇다고 하여 항공 관련 전공자보다 다양한 시각을 가지고 경험과 지식을 쌓은 타 전공자를 더욱 선호했던 몇 년간의 오랜 흐름이 한순간에 바뀌어 관련 전공자를 특별 우대하지는 않을 것임을 잊지 말기 바랍니다.

일부 급한 마음을 가진 지원자 혹은 대학 입시를 앞둔 수험생의 경우 항공서비스학과로 진학하는 것이 무조건적인 정답이라 착각할 수 있기 때문이죠. 중요한 것은 전공분야가 무엇인지가 아닌 결국 그 어느 때보다 급격한 변화와 이례적인 위기를 버텨내는 동안 이러한 추세를 꾸준히 좇아왔고 나름의 공부를 통해 시장상황을 올바르게 파악하고 있는 사람이라는 것을 면접에서 보이는 것이 가장 중요합니다.

2020년을 넘어 2021년까지 이어지는 항공시장 내 급변하는 흐름을 꾸준히 파악해 이해하고 있음을 내보이는 데는 채용 발표 후 주어진 1~2주의 벼락치기로 가능할 만큼 만만한 분량이 아님은 물론이고, 어려운 시기에도 꾸준한 준비를 틈틈이 이어가지 않았다면 채용 공백기를 묻는 말이 주를 이룰 수밖에 없는 포스트 코로나 시대의 면접에서 스스로가 당당한 모습을 보일 수 없음을 알아야 합니다.

마지막으로 벼랑 끝에 몰린 위기의 항공사에서 조금이나마 손실을 줄임과 동시에 멈춰진 항공기를 활성화하기 위해 출시한 상공 여행 상품에 대해 일부 부정적인 시각을 가진 여론도 분명 존재합니다. 물론 장기적인 관점에서 본다면 수익구조 개선에 큰 도움을 줄 수 없는 것은 물론이고, 해당 상품에 대한 수요 역시 꾸준할 수 없는 만큼 한계성에 대한 논란 역시 당연합니다. 하지만 어디까지나 항공사는 이 시기를 버텨내기 위한 작은 노력임과 동시에 이러한 상품을 이용하는 누군가는 상공 여행만으로도 충분한 가치와 만족을 느끼는 사람, 즉 수요가 있어 시장이 정체되거나 더 나아가 도태되는 것을 막는 것은 물론이고 적어도 꺼져가는 불씨를 조금이나마 유지하는 데 도움이 되는 것만은 분명해 보인다는 것을 무시할 수 없어 보입니다.

상충한 두 주장이 적절한 합의점을 찾을 수 있을지는 의문이지만 더는 출구가 없는 상황에서 철저한 방역수칙을 유지하며 최소한의 수요라도 발생시킬 수 있는 상품 개발이 당분간은 불가피해 보입니다.

2021년 여전히 승무원 면접 준비하고 있나요? 그렇다면…

대한항공의 아시아나항공 인수합병과 이를 통해 자연스레 이어질 저비용 항공사 3곳의 통합 역시 2020년 하반기에 이어 2021년 상반기에도 국내 항공시장 내 가장 주요한 주제가 되고 있습니다. 특히나 해가 바뀐 만큼 본격적인 속도를 내는 모습이죠. 우선 FSC 항공사의 단일화는 LCC 통합이란 주제보다 조금 더 시급하게 다뤄질 수밖에 없는 만큼 구체적인 에어서울, 에어부산, 그리고 진에어의 통합 계획은 2021년 상반기 중 발표될 것으로 예상됩니다. 물론 이 책이 집필된 시기인 2021년 1월에는 발표되지 않았으나 합병과 관련한 진행 사안의 단계는 다소 책과 차이가 있을 수 있습니다. 기업결합심사 등의 단계가 남은 것을 생각하면 책을 집필한 시기의 상황과는 달리 무산될 가능성 역시 무시할 수 없긴 합니다.

그러나 현재 상황으로만 본다면 결합과 통합 등으로 인해 자연스레 국내 항공시장 내 여러 시선은 나머지 항공사, 즉 운항 증명을 받고 정상 영업하고 있는 항공사로 볼 수 있는 제주항공과 티웨이 항공에 쏠리는 모습입니다.

이스타 항공의 경우 사실상 운영 중단사태에 놓인 만큼 시장 재편 때문에 당장 영향을 받을 수밖에 없는 제주항공과 티웨이 항공에 일차적인 시선이 쏠리게 되었죠. 물론 티웨이 항공의 경우 최근 오랜 기간 고심했던 것으로 보이는 중형기 도입에 대한 계획을 발표했습니다. 건재함을 보이기 위한 전략임과 동시에 실제 시장 재편의 시기와 포스트 코로나 시대에 대비한 중장기적인 계획임을 짐작할 수 있을 듯합니다. 이처럼 대한항공의 아시아나항공 인수합병의 본격화로 자연스레 나머지 항공사에 쏠린 시선에 가장 먼저 티웨이 항공이 화답하게 됐고 현재까지 국내 저비용 항공사 1위를 지키고 있는 제주항공의 행보가 기다려질 수밖에 없는 시점이 아닐까 싶습니다.

최근 국내 항공시장의 상황을 담은 뉴스핌의 기사를 통해 제주항공, 티웨이 항공, 그리고 이스타 항공의 사장단 회동이 있었다는 사실이 공개됐습니다. 물론 각 항공사는 공식적으로 이를 부인하거나 공개를 꺼리는 것으로 보이나 일부 사실을 인정하는 듯한 관계자의 발언을 참고하자면 이번 회동의 경우 대한항공과 아시아나항공의 결합으로 인해 제주항공과 티웨이 항공의 입지가 다시 과거로 일부 회귀할 수밖에 없음이 예상되는 만큼 이에 대한 대응 전략을 모색하기 위한 자리였을 것으로 판단됩니다. 정확히 언제, 어디서, 어떠한 전략을 모색했을지에 대해 공개된 것은 없으나 시장 재편이 모습을 드러내기 시작한 시점부터 이미 업계에서는 제주항공과 티웨이 항공의 움직임에 예의주시하고 있었던 만큼 이번 회동은 충분히 예상 가능한 행동의 시작점으로 볼 수 있을 듯합니다.

물론 이번 만남의 결과로 3곳의 저비용 항공사가 어떠한 전략을 내놓을지는 조금 더 지켜봐야 하지만 티웨이 항공의 중장거리 노선 공략 계획에서 더 나아가 제주항공, 그리고 이스타 항공의 미래 전략 역시 기대될 수밖에 없다는 점은 부정할 수 없을 듯합니다. 적정한 수준에서의 치열한 경쟁이 선을 넘어 출혈경쟁이 되는 순간 어디서든 피해자가 발생할 수밖에 없는 만큼 선을 넘은 경쟁에 막연히 환호할 수는 없으나 승무원과 이들이 속한 항공사 면접에 대비하는 사람의 처지에 있다면 단기적인 미래에 종사할지도 모를 업계가 새롭게 재편되는 과정 중에 일어나는 전에 없던 새로운 경쟁구도 및 전략 등은 기대할 만해 보입니다. 건강한 경쟁은 성장을 부르고 성장은 결국 채용으로 이어질 수밖에 없기 때문이죠.

다수의 독립된 항공사가 경쟁 중인 상황에서 일부가 편을 먹는다고 하여 자연스레 나머지도 시장에서 도태되지 않기 위해 뭉칠 것으로 생각할 수 있는 현재 업계의 일반적인 기대와 같은 행보를 보일 것인지 혹은 티웨이 항공의 중형기 도입 발표에 이어 통합은 아니지만, 통합을 넘어선 또 다른 전략을 내세울지는 조금 더 지켜봐야 할 듯합니다. 그러나 국내 항공시장의 변화에 따라 이들 기업에 속하기 위해 면접을 준비하는 입장에 있는 사람이라면 급변하는 현시기에 작은 움직임에도 예민하게 반응하여 정보를 찾아 흡수하거나 나름의 분석을 이어감은 물론 면접 대비 방향에도 영향을 받을 수밖에 없는 만큼 투자자의 입장 혹은 업계에 종사하고 있거나 종사하고 싶은 마음은 없으나 항공사에 특별한 관심을 가진 사람과는 또 다른 시선에서 항공사의 변화와 행보에 집중해야 함을 기억하기 바랍니다.

항공사로의 잠재적인 지원 의사를 가진 일부는 현재 눈앞에 닥친 시장의 악재로 인해 당장 아무런 대비를 하지 않는 경우를 종종 보곤 합니다. 그러나 그 시기를 아무도 알 수는 없으나 포스트 코로나 시대를 맞이함과 동시에 수요 회복을 바탕으로 채용이 재개되어 지원하기까지 주어진 1~2주의 짧은 시간으로는 2019년 하반기를 시작으로 2020년을 지나 2021년을 맞이한 시기는 물론 앞으로도 이어질 항공시장 내 여러 변화와 추세를 이해하고 파악하기엔 그 양이 너무나 많다는 것을 고려해야 합니다.

그렇다고 하여 너무나 막연할 수밖에 없는 채용 재개를 기다리며 면접을 준비해야 한다는 이유로 인해 평상시와 같은 물질적인 혹은 시간적인 투자를 해야 한다는 것은 아닙니다. 물론 승무원이 되기 위해 필수적으로 참여해야 하는 면접은 단순히 내가 하고자 하는 마음만으로 합격할 수 없는, 다시 말해 경쟁률이라는 것이 존재하는 만큼 일정한 경쟁률을 뚫고 면접관에게 본인이 이 직업에 적합한 사람임을 보이기 위한 준비가 일부 필요한 만큼 금전적인 그리고 시간적인 투자가 요구되기도 합니다.

그러나 지금처럼 막연한 기다림 속에서 면접을 준비해야 하는 상황이라면 각자의 상황과 환경에 맞게 눈앞에 닥친 삶에 최선을 다하되 추가적인 노력을 바탕으로 최소한 변화하는 항공시장의 추세를 좇아갈 수 있는 정도의 투자는 필요하다는 것을 기억하기 바랍니다. 현재 시장의 분위기와 항공사가 새롭게 나아가고자 하는 방향 그리고 트렌드 등은 어떠한 금전적인 투자 없이 자력으로도 충분히 준비할 수 있기 때문이죠.

국내외 항공시장 상황을 예의주시함은 물론 지금과 같이 경쟁구도가 새롭게 재편되는 움직임, 그리고 채용으로도 이어질 수밖에 없는 여러 호재와 적나라하게 마주할 수 있어야 하는 냉정한 악재까지도 아우르기는 쉽지 않아 보입니다만 꾸준한 관심과 약간의 노력으로도 지원자에게 요구되는 정도는 충분히 대비할 수 있으리라 판단됩니다.

결국, 스스로의 확고한 의지와 마음가짐을 바탕으로 난세에도 꾸준히 준비를 이어나가겠다는 마음이 확실하다면 어떠한 금전적인 그리고 과도한 시간 투자 없이도 앞으로의 면접에 대비하는 데 큰 어려움이 없다는 것을 이해했다면 현재 본인의 모습을 돌아봤을 때 내가 희망하는 직업의 면접에 대비하거나 진출을 꿈꾸는 업계를 이해하기 위해 어떠한 노력을 하고 있었는지 점검하는 시간을 가져볼 것을 추천합니다.

승
무
원
트
렌
드

2   0   2   1

면접 준비 포기했나요? 승무원 단점부터 퇴사까지

객실 승무원이 되기 위해 누구든 마주해야 하는 면접 과정을 거쳐 최종 합격이란 결과를 받기까지 서로 다른 준비기간과 지원동기 등의 내용을 바탕으로 한 시간을 보냈던 것과 달리 입사 후 영어를 주 언어로 사용하는 외항사의 경우 Batch, 국내 항공사는 회사에 따라 조금씩 차이가 있으나 기수 문화에 따라 입사 시기가 같은 사람끼리 묶여 같은 교육과 업무를 하게 됩니다. 일정 기간 교육을 수료한 뒤 정식 승무원이 되기 위해 Batch mate, 입사 동기로 만나는 인원은 보통 20~24명 내외로 묶이는 게 일반적입니다.

항공사에 따라 조금씩 운영에 차이가 있습니다만, 국가별로 항공청 혹은 국내의 경우 항공업무를 함께 맡은 국토부로부터 정해진 수업 인원 규정과 국제기준 등을 바탕으로 인원을 모으게 되죠. 평균적인 인원이 바로 20~24명입니다. 물론 인원이 결정되는 과정에는 항공사 내부 사정이 가장 크게 작용하는 것 역시 무시할 수 없습니다.

이유야 어떻든 간에 결국 20명 내외의 인원으로 묶여서 받게 되는 초기 훈련은 항공사 운영 사정에 의해 결정된 최종 합격 인원수에 따라 20명 내외의 인원이 초과되는 경우 여러 그룹으로 나누어 교육을 진행하며 훈련센터 규모와 교육 진행 인력에 따라 입사일 역시 달라질 수 있습니다. 같은 시기의 면접에서 함께 합격하더라도 상황에 따라 입사일이 달라질 수 있다는 것을 뜻합니다.

기종에 따라 짧게는 2개월, 길게는 4개월 이상의 교육을 이수하는 동안 기내에서 필요한 업무는 물론이고, 기내라는 현장에서 필요한 업무 외에도 항공사를 구성하는 하나의 직업인 만큼 항공사에 소속된 직원으로서 기본적으로 필요한 내용 역시 교육 중에 배우게 되죠. 초기 훈련을 수료한 뒤 실제 스케줄을 받고 비행을 시작하며 성장하는 신입 승무원은 각기 다른 지원동기를 마음속에 간직하고 시작하여, 같은 교육을 받아 현장에 투입되어 연차를 쌓아가며 또 한 번의 다름을 발견하게 됩니다.

동기라는 단어로 명명되어 함께 시작한 그룹 내 다른 승무원의 각기 다른 행보를 보게 되는 것이죠. 누가 들어도 그럴싸한, 다시 말해 담고 있는 내용이 화려하다는 표현이 알맞은 지원동기와 함께 최종 면접에서 합격하여 그토록 바랐던 객실 승무원으로 비행을 시작했으나 지원 단계에서 꿈꿨던 혹은 그렸던 그림과 다른 현장의 실제 모습에 짧게는 한 달 혹은 1년이라는 시간 안에 일부는 퇴사를 결정하게 됩니다.

이는 분명 남들과 달리 본인은 허황한 꿈을 꾸지 않는다고 주장하는 일부 지원자 역시 직접 겪어보지 않은 현실을 마주했기에 퇴사를 결정했을 가능성이 크다고 생각하게 됩니다. 조기 퇴사를 결정한 이들은 분명 이 직업에 대해 다소 미화된 정보를 무방비로 흡수하는 지원자 시절에 만들어진 잘못된 생각과 현실의 차이가 퇴사 결정에 크게 작용하는 경우도 있으나, 승무원이라는 직업에 대한 환상을 가지고 지원한 것이 아님을 주장하는 나머지 지원자도 전자와 마찬가지로 그들은 허황된 꿈을 꾸지는 않았지만 마주한 여러 고충과 퇴사 후 새로운 선택으로 마주할 기회 등을 저울질한 것이 일반적인 퇴사의 흐름으로 볼 수 있습니다.

이는 결국 지원 전 직업에 대한 올바른 이해 역시 중요하다는 것을 부정할 수 없지만, 그런데도 직접 겪어보지 않은 것을 갈망하는 것과 막연했던 것을 마주하여 경험하는 것에는 분명한 차이가 있음을 이해할 수 있습니다. 그런데도 두 상황의 차이에서 오는 충격을 줄이기 위해서는 지원동기를 작성하는, 다시 말해 승무원이라는 직업을 처음 마주하여 미래의 직업으로 삼고자 결정하는 단계에서부터 이 직업에 대한 정확한 이해를 기본으로 더 나아가 승무원이라는 직업이 가지는 단점에 대해서도 충분히 알아볼 필요가 있음을 기억해야 합니다. 물론 일부 지원자의 경우 실제 겪어보지 않은 직업의 단점을 알아보는 것이 쉽지 않다고 말할 수도 있으리라 생각합니다.

겪어보지 않은 일에 대해 가지고 있던 생각과 실제로 겪어본 뒤에 느끼는 차이점에서 오는 충격을 줄이기 위해 승무원의 단점을 알아보는 것 역시 결국 겪어볼 수 없는 일에 대한 세부적인 내용인 만큼 분명 그 정보를 접하기가 쉽지 않다는 점은 이해합니다. 온라인이라는 공간에 쏟아진 일반적인 정보만으론 사실 부족하기 때문이죠.

스케줄 혹은 교대 근무로 인한 체력 소모, 더 나아가 건강 악화, 안전을 주제로 한 현장에서의 근무 이유를 바탕으로 정해진 시열에 의해 일부 변질된 선후배 문화, 유동적인 스케줄에 의해 경조사 참석이 어려운 점, 승무원이라는 직업에 대해 가지는 일부 잘못된 편견 혹은 직업의 가치를 저하하는 외부 요인 등으로부터의 스트레스, 팀 비행이라는 체제하의 병가 사용의 어려움, 승객으로부터의 감정노동 등이 가장 대표적인 그리고 온라인을 통해서 가장 많이 그리고 쉽게 접할 수 있는 단점이 될 듯합니다.

물론 이외에도 받아들이는 사람에 따라 장점이 될 수도 혹은 누군가에겐 장점이지만 또 다른 승무원에겐 단점일 수 있는 여러 내용이 존재하죠. 준비기간이 오래되어 평균적으로 면접을 준비하는 사람이 가지는 정보 수준을 넘어선 일부 학생의 경우 면접 준비과정에서 정보력이 가지는 중요성에 대한 생각이 과도하게 표출되며 누구나 접할 수 있는 정보 이상의 무언가를 찾는 경우를 종종 보게 됩니다.

승무원 면접은 결국 정보가 중요한 싸움이라는 것 역시 충분히 동의합니다만, 위에서 언급한 학생과 같이 기본적인 내용 이상의 무언가를 얻는다는 것 역시 쉽지 않은 이유는 바로 일반적인 단점 이상의 내용은 결국 스스로 유니폼을 입고 승객을 직접 대면하여 응대하는 승무원이라는 직업을 몸소 겪으며 느낄 수 있는 내용이기 때문이라 생각합니다.

누군가에게 단점이 될 수 있는 것이 또 다른 누군가에겐 장점이 될 수 있듯 결국 누구나 느낄 수 있는 기본적인 단점 이외에 조금 더 심화된 내용은 스스로 부딪히며 느끼고 깨닫거나 고심한 내용이기 때문에 쉽게 접할 수 없을뿐더러 콘텐츠로 생산된다고 하더라도 아무나 쉽게 흡수할 수 없으리라 판단됩니다.

결국, 이 직종에 종사하기 위해 면접을 준비하는 사람이라면 기본적으로 알려진 혹은 누구나 이 직업을 떠올렸을 때 짐작할 수 있는 단점을 바탕으로 스스로가 현재까지 살아온 혹은 자신의 삶에서 가장 최근에 한 일 혹은 소속된 환경에서의 성향과 성격 그리고 능력, 업무에 대한 취향, 장점 혹은 단점 등을 바탕으로 하여 승무원이라는 직업의 단점까지도 유연하게 대처할 수 있는 사람인지에 대해 고심할 필요가 있을 듯합니다.

누군가를 좋아하는 감정에 대해 "왜?"라는 질문을 받게 된다면 그 마음이 진심일 경우 대부분 이유가 없는 것이 일반적이죠. 이처럼 승무원이 왜 되고자 하느냐에 대한 물음 역시 결국 어떠한 특정된 이유가 존재하기보단 그저 마음이 가고 좋은 것인 만큼 왜 하고 싶은지에 대한 부분, 즉 지원동기도 물론 중요합니다만 더 나아가 중단기적인 미래에 내가 되고자 하는 직업을 마주하게 되는 시점에 괴리감에 의한 충격으로 일어날 수 있는 퇴사라는 대참사를 막기 위한 고심을 한 번쯤 해보기 바랍니다.

연일 쏟아지는 전 세계 항공사의 승무원 해고 관련 소식에 포함된 여러 지인의 연락을 자주 받고 있습니다. 그중 최근 중동 항공사에서 근무한 지인의 담담한 듯 보이는 해고 소식을 전해 받기도 했습니다. 타지에서 수년간 겪은 고충을 함께 나눴던 사이인 만큼 안타까운 마음을 숨기지 못했습니다. "그저 유니폼을 입고 나 스스로가 승무원인 게 좋았다"라고 말하는 지인에게 "그래, 그거면 됐다"라며 우린 승무원이라는 직업이 그저 아무 이유 없이 좋았다는 위로 아닌 위로의 말을 건넸다는 얘기를 끝으로 이 글을 마칩니다.

• Aziz El Yaakoubi, "Etihad Flags More Cabin Crew Job Cuts, to Keep Airbus A380s Grounded", Reuters, 2020.11.11.

• Celine Tan, "We Went on a Sold-Out Tour Inside Singapore Airlines", Today, 2020.12.01.

• Danny Lee, "Cathay Dragon Chief to Take Top Job at Hong Kong Newcomer Greater Bay Airlines", South China Morning Post, 2020.12.29.

• Danny Lee, "Cathay Dragon's 35-year Run Comes to an End", South China Morning Post, 2020.10.22.

• Gabrielle Petrauskaite, "When Will Aviation Recover in Full?" Aerotime Hub, 2021.01.01.

• Hadi Azmi, "Airbus Warns of $5 Billion in Lost Orders on AirAsia X Plan", Bloomberg, 2020.12.22.

• Jeremy Bogaisky, "What's Ahead for Airlines and Aviation in 2021", Forbes, 2020.12.29.

• Julia Buckley, "Search How Flying Will Change in 2021", CNN, 2020.12.30.

• Lewis Harper, "How Many Jobs Have Europe's Airlines Cut in 2020?", Flight Global, 2020.12.24.

• Lewis Harper, "IATA Pushes Airline Recovery to 2024 Amid 'Surprisingly Week' Restart", Flight Global, 2020.07.28.

• Luke Bodell, "Why Does Vietnam Have So Many Start Up Airlines?", Simple Flying, 2020.12.07.

• Martin Baccardax, "Boeing Freezes Salary Increases; Says Full Industry Recovery May Take Three Years", The Street, 2020.12.16.

- Mary Kammitsi, "Etihad Airways and SITA Trial Facial Biometric Check-In", Travel Trade Weekly, 2020.12.16.

- Mateusz Maszczynski, "400,000 Cabin Crew and Pilot Jobs Have Already Been Wiped Out by the COVID-19 Pandemic", Paddle Your Own Kanoo, 2020.07.24.

- Mateusz Maszczynski, "Qatar Airways to Redeploy Unneeded Cabin Crew into Overwhelmed Call Centres", Paddle Your Own Kanoo, 2020.08.15.

- Mateusz Maszczynski, "Spirit Flight Attendant Warns Passengers about Non-Existent Laws for Not Wearing a Face Mask on His Flight", Paddle Your Own Kanoo, 2020.11.10.

- Melanie Chalil, "'PPE Part of Our Uniform': Malaysian Cabin Crew on Qatar Airways Reveals Her Flying Experience during Covid-19", Malay Mail, 2020.12.18.

- Mihai Cristea, "KLM Trains Its Crew with Virtual Reality and Plans to Develop VR Programs to Replace Theoretical Training", 2020.11.12.

- NHK, "Japan Airlines Affiliated LCC Zip Air to Hire 100 Flight Attendants", NHK, 2020.10.24.

- Peter Miller, "Korean Air Achieves the Prestigious 5-Star Airline Recognition", Skytrax Ratings, 2020.12.10.

- Skytrax, "The World's 5-Star Airlines during the 2020 Coronavirus Pandemic", Skytrax, 2020.12.19.

- Sumit Singh, "Qatar Airways Continues to Strengthen Airline Partnerships", Simple Flying, 2020.12.13.

- Varun Godinho, "Emirates Airline Cuts More Jobs among Pilots and Cabin Crew", Gulf Business, 2020.07.09.

- 강경록, "혹시나 했는데… 코로나에 관광업계 시총 '10조원' 증발", 이데일리, 2020.09.14.

- 강진구, "지난해 역대 최고치 항공여객… 신종 코로나가 발목 잡을까", 2020.01.29.

- 김동찬, "제주항공, 1700억원 규모 기간산업안정기금 신청", 스포츠한국, 2020.10.13.

- 김민범, "운휴 여객기 이색 활용 방안… 에어부산, 항공과 학생 비행 체험 프로그램 운영", 동아닷컴, 2020.08.26.

- 김민성, "코로나19·이스타항공 파산 우려까지… 군산공항 하늘 '먹구름'", YTN, 2020.08.01.

- 김보형, "항공사 5명 중 1명 '휴직'… OCI는 결국 희망퇴직", 한국경제, 2020.03.15.

- 김상훈, "[단독]대한항공도 '목적지 없는 비행' 동참… 승무원 체험 비행 실시", 뉴스1, 2020.11.06.

- 김상훈, "1000억 넘는 '보잉 맥스' 언제 뜨나… 韓 운항금지 3월까지 연장", 뉴스1, 2020.01.08.

- 김양혁, "하늘길 막혔는데… 진에어 '족쇄' 풀어준 국토부", 디지털타임스, 2020.03.31.

- 김영봉, "항공업계 '버텨야 산다'… 온갖 악재 속, 호재도 있다", 아시아타임즈, 2020.01.02.

- 김용훈, "국내 항공사 작년 4분기 모두 적자", 파이낸셜뉴스, 2020.01.21.

- 김진기, "생사 위기 속에서 실적 개선 노력 나선 국내 항공업계", 펜앤드마이크, 2020.05.19.

- 김태우, "국내 항공사, 1분기 손실액 전년 대비 1조4천억", 미디어펜, 2020.05.15.

- 김해원, "티웨이항공, 전 직원 대상 희망휴직 진행", 아주경제, 2020.02.06.

- 김해원, "항공업계 '피의 화요일', 휴업·급여 60% 체불… '이제 시작에 불과'", 아주경제, 2020.02.20.

- 문장원, "'코로나19'로 추락하는 위기의 항공 산업", M이코노미, 2020.05.10.

- 박규빈, "'승무원, 막장 삶'… 항공업계 근로자들 혹독한 겨울나기", 미디어펜, 2020.12.26.

- 박대성, "하이에어, 여수-김포 이어 2025년 울릉도행 띄운다", 헤럴드경제, 2020.01.09.

- 박수지, "한진칼, 가처분 기각에 '위기극복 · 일자리 안정에 최선'", 한겨레, 2020.12.01.
- 박주선, "아시아나항공, 객실승무원 희망휴직 받는다⋯ 신종 코로나 '직격탄'", 매일일보, 2020.02.12.
- 박지혜, "대한항공, 아시아나 인수⋯ 세계 10위권 국적 항공사 탄생", 채널A, 2020.11.16.
- 박진형, "취항 앞둔 에어프레미아 · 에어로케이⋯ 국내선 여객은 20%↓", 전자신문, 2020.08.20.
- 배성은, "코로나 상기화에 대형-저비용 항공사간 격차 커진다", 쿠키뉴스, 2020.09.03.
- 서순규, "코로나19 상황 안 좋지만⋯ 하이에어, 여수노선 증편", 뉴스1, 2020.03.09.
- 손진석, "사람 대신 귀한 몸 된 '화물'⋯ 국내외 항공업계, 대한항공 · 아시아나 롤모델로 화물 확보 '안간힘'", 뉴시안, 2020.09.10.
- 안규영, "저비용항공사 '연말 보릿고개' 버티기 돌입", 2020.10.14.
- 윤진호, "대한항공 · 아시아나 합병 이르면 내주초 발표⋯ 변수는 '강성부 반발'", 조선일보, 2020.11.13.
- 이가영, "항공업계 '국제선 수요 회복 최소 2년⋯ 위드코로나 정책 필요'", 이코노믹리뷰, 2020.10.30.
- 이대준, "아시아나 인수 '속전속결'⋯ 대한항공, 6000억 즉시 투입", 뉴데일리, 2020.12.02.
- 이민섭, "이스타항공 조종사 노조, '경영진, 전 직원 해고 즉각 중단 촉구'", 이지경제, 2020.04.27.
- 이범석, "타이비엣젯, 글로벌 팬데믹 불구 인력 채용 확대", 컨슈머타임스, 2020.10.14.
- 이성은, "에어아시아, 코로나19 위기에 수익 다변화⋯ 디지털 사업 출범", 신아일보, 2020.09.25.
- 이성은, "이스타항공, 재매각 작업 시동⋯ 주관사 선정 돌입", 신아일보,

2020.08.18.

• 이성훈, "운항 중단 60일 초과⋯ 이스타항공 면허 정지", 조선일보, 2020.05.30.

• 이세원, "저가항공 에어아시아 코로나19 충격에 일본 사업 철수", 연합뉴스, 2020.10.06.

• 이세정, "[항공사 九死九生⑦] '흙수저' 이스타항공, 재기 날개 펼까?", 뉴스웨이, 2020.01.20.

• 이세정, "제주항공, 이스타 인수 결국 없던 일로?" 뉴스웨이, 2020.01.31.

• 이연춘, "15돌 제주항공, 매출 100배 성장 · 국내 '빅3'로 날개짓 활짝", 아이뉴스24, 2020.01.18.

• 이우영, "부산~헬싱키 직항 내년 3월로 연기", 부산일보, 2020.06.21.

• 임광복, "대한항공, 기안기금 1조 지원 받는다", 파이낸셜뉴스, 2020.07.02.

• 임세웅, "이스타항공 대량해고에 업계 '싼값 채용 기회?'", 매일노동뉴스, 2020.11.02.

• 장가람, "국제선 여객 96% 급감⋯ 항공업 붕괴 위기", 뉴스웨이, 2020.04.05.

• 장하나, "'그나마 남은 노선까지⋯' 日 입국제한에 항공 · 여행업 설상가상", 연합뉴스, 2020.03.04.

• 장하나, "'코로나에도⋯' 에어프레미아, 취항 앞두고 승무원 150명 모집", 연합뉴스, 2020.03.02.

• 정혜원, "항공업계 구도재편 가능성 높은데⋯ 신규 LCC 2곳 추가 취항", 미디어SR, 2020.01.02.

• 정희원, "항공업계 '코로나 비상'⋯ 희망휴직 · 임금 반납까지", 세계비즈, 2020.02.12.

• 조민정, "LCC, 중장거리 노선 잇달아 진출⋯ 경쟁 과다 우려", 스포츠조선, 2020.01.16.

• 조재현, "국내선 승무원도 고글 착용⋯ 에어부산, 코로나19 방역 조치 강화", 뉴스1, 2020.12.17.

- 주진희, "이스타항공, 국내선도 운항 중단… 국내항공사 중 첫 '셧다운'", 서울파이낸 스, 2020.03.21.
- 최용선 "아시아나·이스타 이어 다음은, 항공업계 구조조정 빨라지나", 이코노미톡뉴 스, 2020.01.06.
- 최용선, "기다리는 '제주항공', 이스타항공 '버티기' 돌입", 이코노미톡뉴스, 2020.03.25.
- 탁지훈, "이스타항공, 희망퇴직 접수 시작… 700여명 구조조정 착수", 월요신문, 2020.08.28.
- 홍창기, "에어로케이 내년 초 청주-제주 노선 취항", 파이낸셜뉴스, 2020.12.30.
- 황금빛 "KCGI '한진그룹, 재무구조 개선 위한 노력 없어'", 아이뉴스24, 2020.01.07.
- 황금빛, "'아니라는데'… 고개든 'LCC 매각설' 왜 확산되나", 아이뉴스24, 2020.03.04.

저자와의
합의하에
인지첩부
생략

2021 승무원 트렌드

2021년 1월 20일 초판 1쇄 인쇄
2021년 1월 25일 초판 1쇄 발행

지은이 주지환
펴낸이 진욱상
펴낸곳 (주)백산출판사
교 정 성인숙
본문디자인 신화정
표지디자인 오정은

등 록 2017년 5월 29일 제406-2017-000058호
주 소 경기도 파주시 회동길 370(백산빌딩 3층)
전 화 02-914-1621(代)
팩 스 031-955-9911
이메일 edit@ibaeksan.kr
홈페이지 www.ibaeksan.kr

ISBN 979-11-6567-232-4 13320
값 15,000원